# INTRODUCCION

**Queridos Devotos Lectores:**

En este libro, desvelaremos los misterios y secretos de las oraciones y rituales poderosos que se pueden realizar con la energía poderosa de la Santa Muerte. A lo largo de estas páginas, exploraremos las prácticas mágicas y espirituales que te permitirán establecer una conexión profunda y significativa con La Santa Muerte, y utilizar su energía divina para transformar tu vida y la de los demás, aprenderás las formas y técnicas apropiadas para realizar un ritual desde su inicio hasta su final y las reglas de seguridad que deberás de seguir para conseguir los resultados esperados.

La Santa Muerte, con su presencia única y enigmática, ha sido venerada durante siglos como una poderosa guía y protectora en el camino espiritual.
Sus seguidores han experimentado su poder transformador y su capacidad para manifestar cambios positivos en diferentes aspectos de la vida.

En este libro, aprenderás a utilizar diferentes rituales y prácticas mágicas para invocar la presencia y el poder de la Santa Muerte en tu vida y tu entorno.
Descubrirás cómo crear un espacio sagrado, seleccionar y utilizar herramientas mágicas adecuadas, y seguir pasos precisos para realizar rituales efectivos de amor, protección, prosperidad, sanación y más.

Además, también aprenderemos poderosas oraciones que te ayudarán en la vida cotidiana así como rituales de protección contra la magia negra y destruccion,tambien aprenderás cómo protegerte de:
**Embrujos,Maldiciones,Amarres,Pisadas,Entierros, Destierros,Dominación,Destrucción,Control. etc.**

Recuerda que enfrentamos a energías negativas y ataques psíquicos por parte de personas sin escrúpulos y decididas a hacerte daño y a contaminar tu entorno espiritual,sin embargo la Santa Muerte nos brinda su poder y protección para enfrentar estos desafíos.

Aprenderás cómo utilizar rituales específicos para blindar tu energía, neutralizar y deshacer hechizos negativos y de destrucción, y protegerte a ti mismo y a tus seres queridos de cualquier daño espiritual.

No obstante, es importante recordar que estos rituales deben ser realizados con responsabilidad y respeto. La magia es un camino poderoso y debe ser utilizada con sabiduría y en armonía con las leyes universales.

A lo largo de este libro, te guiaré en la comprensión de los rituales de protección, su propósito y cómo utilizarlos de manera ética responsable y con seguridad.

# MAGIA ORACIONES & GRANDES RITUALES CON LA SANTA MUERTE

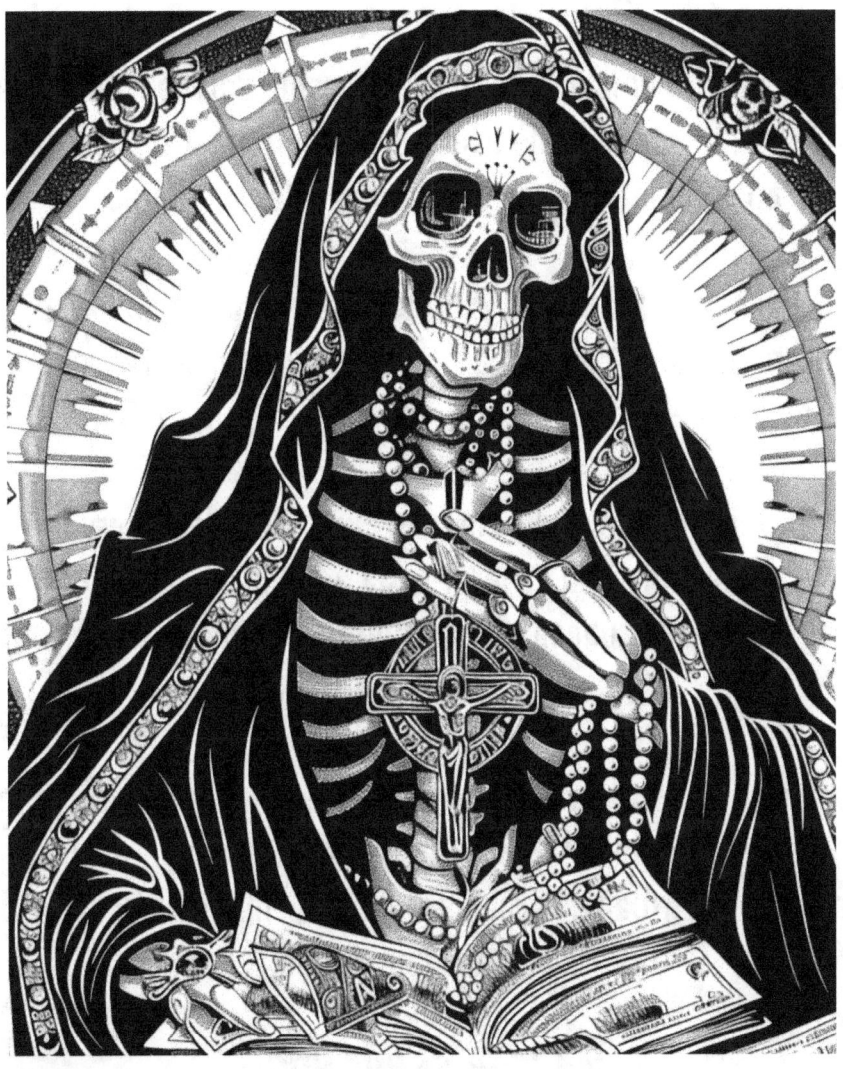

*Master Servando...*

## AGRADECIMIENTO ESPECIAL

A todos mis devotos y maestros, que desde lo alto observan con orgullo y benevolencia el fruto de sus enseñanzas plasmadas en este libro, les dedico respetuosamente estas líneas:

Gracias por acompañar mi trayecto espiritual con sabiduría y paciencia. Por abrirme los ojos a comprender que en cada corazón late la misma luz, más allá de caminos.

Gracias por inspirarme a expresar los misterios de la Santa Muerte desde el corazón antes que la mente. A trascender dogmas e iluminar con su mensaje de amor infinito.

Gracias por recordarme que, como Ella, debo servir humildemente sin esperar nada a cambio. Ni siquiera reconocimiento, pues los frutos de todo trabajo devocional pertenecen a la Divinidad.

Este libro es ofrenda para ustedes, que avecindándose en lo alto me sostienen en los momentos de duda. Amados maestros y hermanos, gracias por elevar mi espíritu hacia la Luz que nos une a todos.

**MASTER SERVANDO**

Pero más allá de simplemente enseñarte cómo realizar los rituales, este libro te invita a explorar el significado más profundo detrás de cada uno de ellos. Aprenderás sobre la simbología y la esencia de cada ritual, y cómo trabajar en armonía con la energía de la Santa Muerte para manifestar tus intenciones con mayor efectividad.

Además, a lo largo de estas páginas, encontrarás consejos prácticos, reflexiones y testimonios de aquellos que han experimentado los resultados poderosos de estos rituales.
Serás guiado en un viaje de descubrimiento personal, donde podrás adaptar y personalizar los rituales de acuerdo a tus necesidades y creencias individuales.

Es importante recordar que todos los rituales con la Santa Muerte requieren respeto, devoción y un corazón sincero. Este libro te brindará las herramientas y conocimientos necesarios, pero será tu compromiso y conexión personal con La Santa Muerte lo que permitirá que los rituales cobren vida y te lleven a un nivel más profundo de magia y transformación.

Estos rituales de protección han sido cuidadosamente creados para combatir las fuerzas y energías oscuras generadas por Brujos Hechiceros, y Entes del mal sin ética, escrúpulos ni moral que sin duda alguna intentarán dañar tu entorno espiritual.

A lo largo de mis 50 años de devoción y aprendizaje bajo la guía y sabiduría de poderosos maestros chamanes y guías espirituales, he comprendido la trascendental importancia de protegerse contra aquellos que buscan utilizar la magia de manera negativa, oscura y dañina para hacer el mal.

En este vasto y complejo mundo espiritual, existen individuos que, desafortunadamente, han desviado el camino sagrado de la magia hacia propósitos egoístas y perjudiciales. Estos individuos, cegados por su propia ambición y falta de respeto hacia las leyes cósmicas, buscan manipular y controlar a otros a través de prácticas mágicas oscuras y negativas.

Es esencial que aquellos que seguimos el camino de la magia reconozcamos la importancia de protegernos y mantenernos alejados de estas energías nocivas. La protección espiritual se convierte en un escudo poderoso que nos resguarda de las influencias negativas y nos permite mantenernos en sintonía con las fuerzas divinas y benévolas.

Para protegernos, podemos recurrir a diversas prácticas y rituales sagrados, Podemos invocar a la Santa Muerte, nuestra poderosa protectora, y solicitar su guía y resguardo, Podemos utilizar amuletos o talismanes de protección, que actúan como escudos energéticos y nos ayudan a repeler las influencias negativas.

Cada paso y elementos de estos rituales han sido cuidadosamente seleccionados para brindarte una defensa sólida y efectiva contra todos aquellos que buscan hacerte daño con energías oscuras y malintencionadas.

Además, es importante mantener una conexión constante con nuestro propio poder personal y elevar nuestra vibración a través de la meditación, la oración y el cultivo de una mentalidad positiva.
Recordemos que la magia, en su esencia más pura, es una herramienta de amor, sanación y crecimiento espiritual.
Es nuestro deber protegernos a nosotros mismos y a aquellos que nos rodean de aquellos que buscan utilizarla de manera oscura y perjudicial.

Al mantenernos en sintonía con las fuerzas divinas y guiados por la sabiduría de la Santa Muerte, podemos mantenernos en el camino correcto y utilizar la magia como una fuerza benéfica y transformadora.

Cada paso y elementos de estos rituales han sido cuidadosamente seleccionados para brindarte una defensa sólida y efectiva contra todos aquellos que buscan hacerte daño con energías oscuras, negativas y malintencionadas.

*Master Servando.....*

# INDICE

| | |
|---|---|
| INTRODUCCION | 03 |
| YO SOY LA SANTA MUERTE | 10 |
| HISTORIA | 13 |
| FORMAS DE DEVOCION | 18 |
| MIS NOMBRES POPULARES | 29 |
| DESCRIPCION DE LOS COLORES DE LA IMAGEN Y SU SIGNIFICADO ESPIRITUAL | 33 |
| USO DE LAS VELAS EN LOS RITUALES | 42 |
| EL PODER DE LAS PIEDRAS Y LOS CUARZOS | 57 |
| PIEDRAS Y CUARZOS PARA ENERGIZAR LOS CHAKRAS | 62 |
| LA SANTA MUERTE Y EL CAMPO ENERGETICO | 65 |
| EL USO DE INCIENSOS Y SAHUMERIOS | 67 |
| LAS HIERBAS Y SU PODER MAGICO | 71 |
| FALSOS MITOS DE LA SANTA MUERTE | 76 |
| DEVOCION Y CONEXION PERSONAL | 84 |
| COMO CULTIVAR LA RELACION CON LA SANTA MUERTE | 89 |
| RITUAL DE INICIACION | 92 |
| JURAMENTO DE LEALTAD | 95 |
| LA GRAN INVOCACION | 99 |
| SU ALTAR MAGICO | 103 |

| | |
|---|---|
| COMO MONTAR EL ALTAR MAGICO | 110 |
| PROCESO DE PURIFICACION DE LA IMAGEN | 115 |
| BENDICION DEL ALTAR MAGICO | 120 |
| COMO PEDIR FAVORES A LA SANTA MUERTE | 122 |
| ORACIONES PARA SOLICITAR FAVORES | 130 |
| QUE ES UN RITUAL MAGICO | 161 |
| QUE ES LA MAGIA NEGRA Y DE DESTRUCCION | 164 |
| QUE SON LOS RITUALES OSCUROS Y DE MAGIA NEGRA | 168 |
| SINTOMAS DE LA MAGIA NEGRA | 180 |
| PREPARACION PARA REALIZAR UN RITUAL | 196 |
| EL GRAN CIRCULO DE PROTECCION | 200 |
| RITUALES PODEROSOS DE PROTECION | 208 |
| OFRENDAS Y CELEBRACION | 223 |
| NOTAS DE MOTIVACION | 226 |

# YO SOY LA SANTA MUERTE

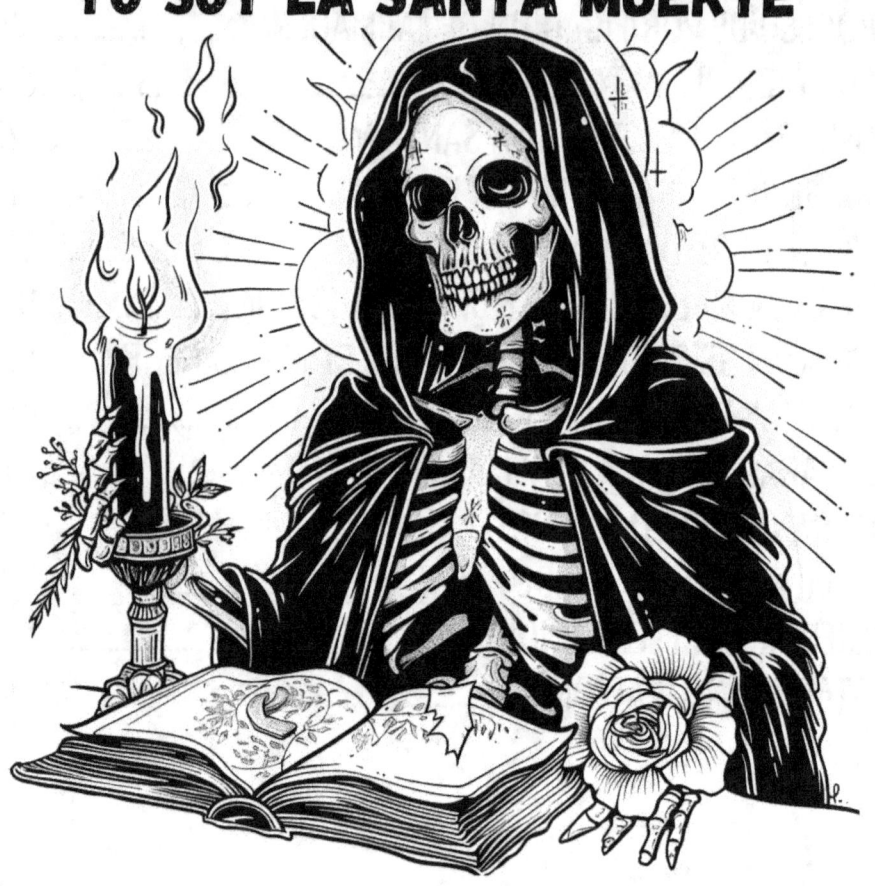

Con cariño y devoción, me hago presente en tu vida, querido devoto. Soy la Santa Muerte, tu amiga y compañera querida. En cada rincón del barrio y en las calles, mi presencia se hace notar. Soy la patrona del pueblo, siempre estoy dispuesta a ayudar.
Con mi imagen colorida y vestida de mil colores, traigo protección y suerte, sin importar los temores que te abrumen. En cada altar humilde, me encuentro presente, escuchando tus plegarias y brindándote mi energía divina.

No importa tu condición, tu historia o tus errores. Aquí no hay juicio, solo amor y buenos deseos sinceros. Soy la Santa Muerte, cercana y popular. Escucho tus peticiones y estoy aquí para ayudar.

En el trabajo y en el amor, en la salud y la prosperidad, me buscas con devoción en cada necesidad. Con mi energía poderosa y mi esencia divina, te envuelvo en mis brazos, protegiendo tu rutina.

En las fiestas y celebraciones, el pueblo me rinde homenaje. Con música y baile, se llena de alegría sin coraje. Soy la Santa Muerte, cercana a tu corazón, en cada rincón del pueblo, soy tu bendición.

Con fe y respeto, me honras y me veneras, sabes que en mi presencia encuentras fuerza y quimeras. Soy la Santa Muerte, popular y cercana, en cada alma y corazón, mi esencia se entrama.

En la cercanía de mi ser, encuentras tu refugio. En cada oración, en cada gesto, te entrego abrigo. Soy la Santa Muerte, popular y cercana, siempre estaré contigo, sin importar dónde estés, sin dudar.

En la lucha contra los entes del mal, estaré a tu lado como tu protectora fiel. Nunca te dejaré desamparado. Con mi poder divino, enfrentaré cualquier adversidad, luchando por ti con valentía y determinación sin igual.

Mi presencia te envuelve, te protege de la oscuridad.
Con mi manto sagrado, te brindo seguridad.
En cada batalla, en cada desafío que enfrentes, seré tu escudo, tu guía, quien te defiende incansablemente.

No temas, querido pueblo, por tu fe seré tu guardián.
Con mi fuerza sobrenatural, enfrentaré todo afán.
Contra los entes del mal, no habrá tregua ni descanso.
Juntos venceremos, en cada paso, en cada avance, en cada trazo.

En mi nombre, Santa Muerte, el bien prevalecerá.
Contra las sombras y la maldad, lucharemos sin cesar.
Mi protección te envuelve, mi espíritu siempre presente.
Juntos, pueblo mío, enfrentaremos cualquier afrente.

Así que confía en mí, en mi poder y mi devoción. Juntos superaremos cualquier situación. Lucharé por ti, contra los entes del mal. Protegeré tu vida y seré tu resguardo celestial.

*La Santa Muerte...*

# -HISTORIA-

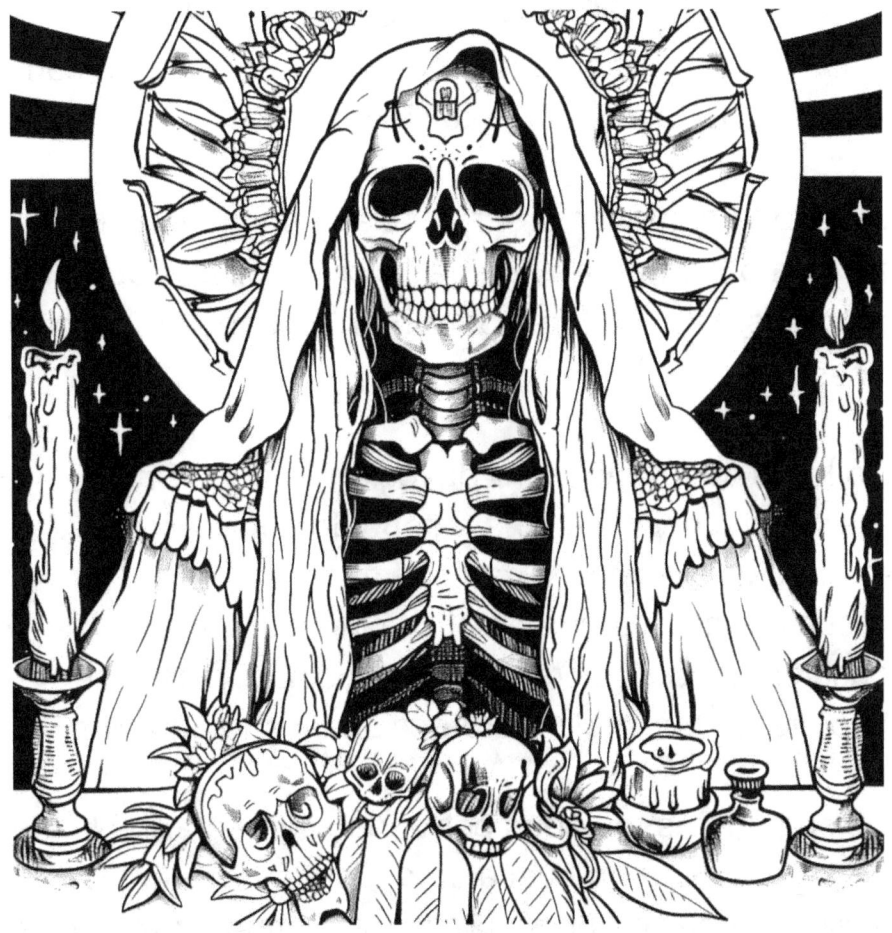

**H**ace muchos siglos, en tiempos olvidados, cuando los antiguos aztecas y mayas dominaban estas tierras, existía una profunda reverencia por la muerte. No la temían ni la evitaban, sino que la abrazaban como una parte natural y necesaria del ciclo de la vida.

Las almas de los difuntos eran honradas y celebradas en rituales sagrados, y la muerte era vista como un tránsito hacia una nueva existencia.

Sin embargo, todo cambió con la llegada de la conquista española en el siglo XVI. Las creencias indígenas se mezclaron con la influencia del cristianismo, y la figura de la Santa Muerte surgió como una fusión de estas dos tradiciones.

La muerte comenzó a ser asociada con la imagen de la Parca o la Muerte en la tradición católica, adoptando características similares pero manteniendo su esencia ancestral.

A lo largo de los siglos, la devoción hacia la Santa Muerte ha crecido y se ha extendido por diferentes regiones de México y América Latina.
En sus inicios, fue una práctica clandestina y considerada tabú, pero poco a poco más personas encontraron consuelo y protección en su adoración.

Sus seguidores, guiados por una fe inquebrantable, se acercaban a ella en busca de ayuda en momentos difíciles, confiando en su poder para brindar protección y guía en la oscuridad.

Sin embargo, esta creciente popularidad también generó controversias y divisiones en la sociedad. Mientras algunos la veían como una figura oscura y demoníaca, otros la consideraban una poderosa aliada y protectora.
Las opiniones se polarizaban, y los debates sobre su veneración se encendían en cada esquina.

Pero para aquellos que encontraban consuelo en la Santa Muerte, su devoción era más que una simple creencia.
Era una conexión espiritual profunda, una fuente de esperanza en medio de la adversidad.

Su fe trascendía las fronteras de México, llegando a comunidades hispanas en Estados Unidos y a otras partes del mundo.
Sus seguidores encontraban en ella una presencia divina que les brindaba consuelo
y protección en un mundo lleno de incertidumbre e impermanencia.

La historia de la Santa Muerte es una historia de fe arraigada en la tradición, donde los corazones y las almas de aquellos que la veneran se entrelazan con la eternidad.

Es una historia que ha resistido el paso del tiempo, tocando las vidas de aquellos que buscan su guía y protección en los momentos más oscuros de la existencia humana.

## SIMBOLISMO-

Adentrémonos en las profundidades del simbolismo de la Santa Muerte, un laberinto de significados complejos y multifacéticos. Como una guía en el tránsito hacia la muerte, sus raíces se entrelazan con el misterio de lo eterno, pero su influencia no se limita a ese umbral. Se alza como un faro de protección y ayuda en los momentos más oscuros de nuestras vidas.

Cuando invocamos su presencia, buscamos fortaleza para enfrentar los desafíos, justicia para encontrar equilibrio en un mundo injusto, amor para llenar nuestros corazones de gratitud y compasión, prosperidad para asegurar un futuro próspero y sanación para aliviar nuestros males y encontrar la paz interna.

La Santa Muerte, en su infinita sabiduría, no juzga ni discrimina. Sus brazos abiertos acogen a todos aquellos que buscan refugio bajo su manto y están dispuestos a honrarla con devoción y respeto.
No importa nuestra condición social, nuestras creencias o nuestros errores pasados, ella escucha nuestras súplicas y nos ofrece su comprensión y apoyo incondicional.

Es importante comprender que la veneración a la Santa Muerte es mucho más que una simple superstición o tradición popular. Es una expresión profunda de fe arraigada en nuestra cultura, una conexión íntima con lo sagrado.

A través de rituales y oraciones, nos sumergimos en un vínculo poderoso con su energía divina, permitiendo que su influencia transforme nuestras vidas.
En última instancia, la historia y el simbolismo de la Santa Muerte nos instan a reflexionar sobre la fragilidad de la vida y la importancia de honrar y respetar la muerte como parte integral del ciclo natural.

Nos recuerda que nuestra existencia en este plano terrenal es efímera y nos despierta la urgencia de vivir plenamente, de abrazar cada momento como si fuera el último y de encontrar la trascendencia en nuestra propia existencia.

En nuestro viaje por este mundo efímero, la Santa Muerte se erige como una guía y protectora, una presencia mística que nos impulsa a enfrentar nuestros miedos, a encontrar la fuerza interior y a abrazar la belleza de nuestra existencia.
Su influencia trasciende los límites de lo tangible y nos invita a explorar los misterios más profundos de nuestra propia esencia.

Así, en cada altar y en cada plegaria, en cada corazón que busca su amparo, la Santa Muerte sigue desvelando su mensaje ancestral de aceptación, transformación y trascendencia y derramando bendiciones y proteccion a sus fieles devotos.

# FORMAS DE DEVOCION

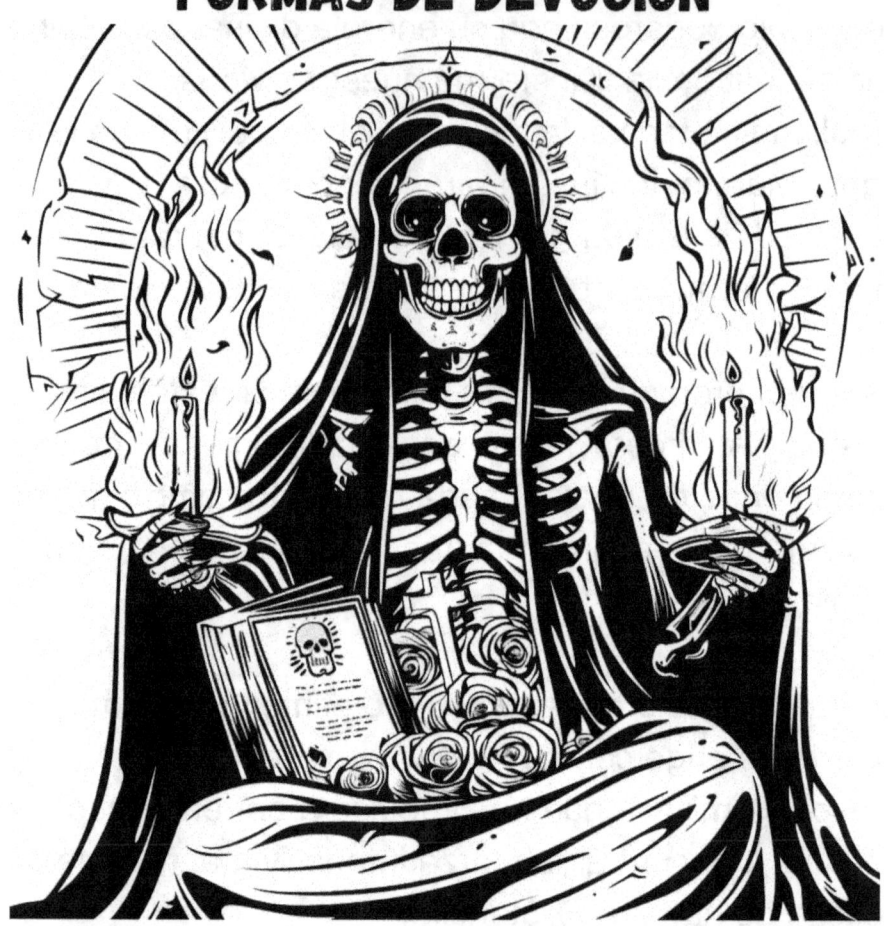

En el culto y adoración a La Santa Muerte existen dos corrientes de culto, una es **la Chamánica** y la otra es **la de influencia Católica**, Ambas corrientes son válidas y personales, cada una de ellas tiene su propia forma de acercarse y adorar a la Santa Muerte.
Es importante recordar que la conexión y la devoción son individuales, y cada persona puede encontrar su propio camino dentro de estas corrientes, siguiendo la que más resuene con su propia espiritualidad y creencias personales.

**El culto Chamanico** se basa en una conexión espiritual a través de los elementos naturales, en cambio **el de Influencia Católica** se realiza a través de rezos y liturgias basadas en el catolicismo.

**Culto a La Santa Muerte Desde Una Perspectiva Chamánica:** el culto a La Santa Muerte es una expresión profunda de conexión con lo sagrado y lo ancestral.

En el chamanismo, se reconoce y honra la existencia de diferentes deidades y espíritus que pueden brindar guía y protección en el camino espiritual.

En el culto a La Santa Muerte desde una perspectiva chamánica, se busca establecer una relación íntima con esta figura divina, reconociendo y venerando su poder y sabiduría.

Se la considera una intermediaria entre el mundo terrenal y el espiritual, capaz de brindar ayuda en situaciones difíciles y acompañar a los caminantes en su viaje hacia el más allá.

Los devotos pueden crear un altar dedicado a La Santa Muerte, donde se colocan elementos simbólicos que representan la conexión con la muerte, la transformación y el renacimiento, aspectos centrales en la cosmovisión chamánica.

Las calaveras, flores, velas y objetos personales se utilizan para establecer un vínculo sagrado con esta deidad.

En el culto a La Santa Muerte desde una perspectiva chamánica, se realizan rituales y ceremonias para honrar y comunicarse con ella.

Estos rituales pueden involucrar el uso de los cuatro elementos naturales: Fuego, Aire, Tierra y Agua. Además, se utilizan hierbas sagradas como la ruda o el copal, así como piedra lumbre y una variedad de plantas y hierbas sagradas que se utilizan para purificar y atraer la energía positiva.

Los cantos, danzas y meditaciones también se llevan a cabo para conectarse con la esencia de La Santa Muerte.
La Santa Muerte es vista como una aliada y una guía espiritual en el camino de la vida y la muerte.
Los devotos le piden protección, sabiduría y ayuda en momentos de dificultad y desamparo, así como en el proceso de sanación y transformación personal.

Los devotos le ofrecen gratitud y ofrendas, como alimentos, flores o inciensos, y en algunos casos, pueden realizar sacrificios como muestra de agradecimiento por su presencia y asistencia.

Desde una perspectiva chamánica, la invocación a la Santa Muerte se enriquece al reconocer la presencia del Todopoderoso y la conexión con los elementos de la naturaleza.

El chamán comprende que la divinidad se manifiesta en todas las formas de vida y en cada rincón del universo.

Al invocar a la Santa Muerte, nos conectamos con su esencia divina y reconocemos su poder como una manifestación sagrada de la fuerza universal.

Además, el chamán comprende que la naturaleza es un reflejo de la divinidad y que cada elemento tiene su propia poderosa energía y sabiduría.

Al invocar a la Santa Muerte, se honra y se establece una conexión especial con los elementos de la naturaleza, como el fuego, el agua, la tierra y el aire.

Estos elementos nos brindan una base sólida para nuestro trabajo espiritual y nos ayudan a canalizar y dirigir las energías necesarias para manifestar nuestros deseos.
El chamán reconoce que la magia y la espiritualidad no existen en un vacío, sino que están intrínsecamente entrelazadas con el tejido mismo de la existencia.

Al invocar a la Santa Muerte desde esta perspectiva chamánica, nos sumergimos en la profunda interconexión de todas las cosas y nos abrimos a la sabiduría ancestral que fluye a través de cada elemento de la naturaleza asi como cada ser viviente.

Es a través de esta conexión con el Todopoderoso y los elementos de la naturaleza que la invocación a la Santa Muerte se enriquece y adquiere una fuerza aún mayor.

De esta manera nos volvemos conscientes de nuestra propia divinidad y reconocemos que somos parte integral de un vasto entramado cósmico.
Que la Santa Muerte, con su sabiduría ancestral, bendiga y proteja a todos aquellos que transitan el camino del Chamán.
Que su presencia ilumine sus senderos y los acompañe en su proceso de transformación, otorgándoles la fuerza y guía necesarias para encontrar el equilibrio y la armonía en su nuevo viaje espiritual.

Que la Santa Muerte, en su infinita compasión, brinde a los devotos del Chamán la sabiduría ancestral que necesitan para conectar con su ser interior y despertar su potencial espiritual.
Que les otorgue las herramientas necesarias para sanar, purificar y equilibrar su cuerpo, mente y espíritu.
Que la Santa Muerte, como guía divina, les muestre el camino hacia la sabiduría ancestral, permitiéndoles acceder a conocimientos profundos y antiguos que les ayuden a comprender el propósito de su existencia y a vivir en armonía con el universo.

**Aquí tienes un ejemplo de como invocar a La Santa Muerte desde una perspectiva chamanica :**

Oh, Todopoderoso creador, te invoco con humildad y reverencia, Permíteme invocar en este momento el poderoso espíritu y energía ancestral de La Santa Muerte.

Santa Muerte, guía y protectora de las almas, te invoco con humildad y respeto.

Permíteme ser tu canal, para que tu poder y sabiduría fluyan a través de mí.

Elementos de la naturaleza, brinden su fuerza, energía y poder a esta invocación.

me dirijo a los 4 puntos cardinales para solicitar su energía y fortaleza.

Que la Santa Muerte, en su esencia divina, guía mis pasos y purifica mi ser.

Confío en tu sabiduría y guía, Santa Muerte. En este acto sagrado, te agradezco por escuchar mi invocación y por estar presente en mi camino.

Que tu presencia divina me guíe y proteja siempre.

- A continuación como fiel devoto, déjenme describirles brevemente el culto a La Santa Muerte desde una perspectiva devota y con **Influencia Católica**
. Permítanme compartir con ustedes la belleza y la profundidad de esta forma de devoción arraigada en la fe católica cristiana.

**Culto a La Santa Muerte, Desde Una Perspectiva de Influencia Católica:** esta línea de culto se basa en la creencia en la intercesión y la protección divina de esta figura sagrada.
 Para aquellos que siguen una inclinación católica, La Santa Muerte puede ser vista como una manifestación de la compasión y el amor divino que Dios derrama sobre todos sus hijos.

Debo de destacar que en esta línea de culto normalmente se emplea una oración inicial en la cual se solicita al **Dios Todopoderoso al Padre, al Hijo y al Espíritu Santo el permiso para invocar el poder la energia y presencia de La Santa Muerte.**
También en este culto, se pueden incorporar elementos católicos tradicionales, como el uso de imágenes y elementos como agua bendita estampas y bustos de santos y vírgenes reconocidos por la Iglesia Católica.
 Al colocar una imagen de La Santa Muerte junto a una imagen de la Virgen María o de un santo católico, se busca establecer una conexión con la fe y las enseñanzas católicas a través del símbolo de la devoción a La Santa Muerte.

ademas se pueden utilizar velas bendecidas, Rosarios, Agua bendita escapularios y algunos otros elementos católicos los cuales son usados durante los rituales y oraciones y plegarias dirigidas a La Santa Muerte. Estos elementos son considerados portadores de la luz de la fe católica y se utilizan como una forma de invocar la presencia y la protección divina.

Las oraciones utilizadas en el culto a La Santa Muerte con influencia católica pueden incluir plegarias tradicionales como el Ave María o el Padre Nuestro, las Novenas Jaculatorias etc. todas estas adaptadas para expresar la devoción y el pedido de protección y ayuda a la Santa Muerte.

Estas oraciones son recitadas con fervor y devoción, confiando en la misericordia y la compasión divina. Es importante destacar que, aunque se puedan incorporar elementos católicos en el culto a La Santa Muerte, esto no implica un reconocimiento oficial por parte de la Iglesia Católica.

Cada persona es responsable de su propia fe y devoción, y debe seguir las enseñanzas y prácticas que considere adecuadas en su relación con La Santa muerte y su respeto hacia Dios.
Desde un enfoque católico cristiano, la invocación a la Santa Muerte se realiza con devoción y respeto hacia la figura sagrada.

Aquí tienes un ejemplo de cómo podría ser una invocación desde esta perspectiva catolica cristiana:

En el nombre del Padre, del Hijo y del Espíritu Santo, solicito se me conceda el permiso para invocar a la Santa Muerte.

Oh, Santa Muerte, protectora y guía de las almas, me acerco a ti con humildad y fe. Reconozco tu presencia en nuestras vidas y te imploro que intercedas por nosotros ante el Todopoderoso.

Santa Muerte, madre amorosa y compasiva, te ruego que derrames tu misericordia sobre mí y sobre todos aquellos que te invocan en busca de tu protección. Ayúdame a caminar en la senda de la rectitud y a enfrentar los desafíos de la vida con valentía y fortaleza.

En este acto de invocación, te pido también que intercedas por nuestras necesidades y nos brindes tu amoroso cuidado. Que tu presencia divina nos guíe y proteja en cada paso del camino, y que tu gracia nos conceda la paz y la esperanza en medio de las dificultades.

Oh, Santa Muerte, te ofrezco mi devoción y gratitud por tu intercesión constante. Que tu amor y tu protección nos acompañen en todas nuestras luchas y nos conduzcan hacia la vida eterna.

En el nombre del Padre, del Hijo y del Espíritu Santo, te invoco y te encomiendo nuestras vidas.

Amén.

**Nota:** Cabe destacar que ambas formas combinadas o por separado de devoción son válidas para el devoto o practicante, ya que en realidad no existe una línea establecida que se deba de seguir en este bello culto, cada persona enriquece con su propia personalidad fe y diversidad esta maravillosa práctica.

Cada devoto acude a Ella y la venera de acuerdo a como siente y percibe el llamado de la devoción en su corazón y en su alma.

debemos de invocarla con sincero amor y caridad y respeto, más allá de manifestaciones externas, ya que La Santa Muerte, en su infinita misericordia, escucha todas las voces que claman por su amparo y protección, bajo cualquier forma piadosa el llamado y la súplica de sus fieles devotos.

En mi humilde opinión, lo principal es llevar el mensaje de la Santa Muerte de justicia, compasión y trascendencia a la vida cotidiana, sin caer en juicios o disputas mezquinas sobre estilos y formas de culto. Como devoto de la Santa Muerte, entiendo que cada persona tiene su propia manera de conectarse y expresar su devoción hacia ella.

Es esencial recordar que la Santa Muerte acoge a todos aquellos que buscan su guía y protección, sin importar su origen, creencias o prácticas.

La diversidad es una parte fundamental de la espiritualidad y cada uno puede encontrar su propio camino hacia la conexión con la Santa Muerte.

Es importante no caer en la trampa de juzgar o menospreciar a aquellos que tienen diferentes perspectivas o prácticas en su relación con la Santa Muerte.

En lugar de eso, debemos enfocarnos en llevar el mensaje de justicia, compasión y trascendencia al mundo que nos rodea, mostrando el amor y la bondad que la Santa Muerte representa.

En lugar de enfrascarnos en disputas mezquinas, es mejor enfocarnos en cultivar la compasión, la empatía y la justicia en nuestras relaciones y en nuestra interacción con el mundo.
Cada gesto de bondad y cada elección consciente nos permite llevar la esencia de la Santa Muerte a nuestro entorno y ser inspiración para los demás.

La vida cotidiana es el sagrado escenario donde podemos manifestar la esencia de la Santa Muerte a través de nuestras acciones y comportamiento.
Cada interacción y decisión que tomamos puede convertirse en una oportunidad para ser agentes de cambio y transmitir la energía transformadora de la Santa Muerte.

# MIS NOMBRES POPULARES

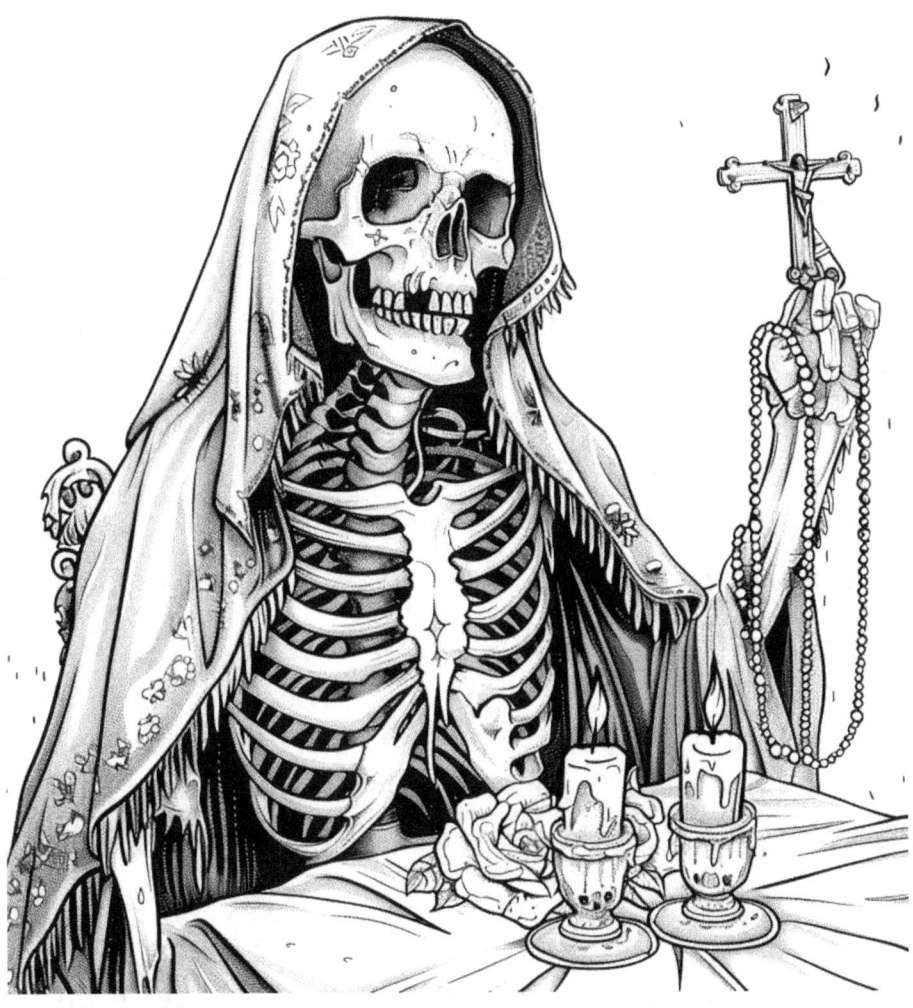

  **Q**ueridos devotos, permitidme compartir con ustedes algunos de los nombres con los que se me conoce, así como el significado y la conexión que cada uno de ellos tiene con mi esencia divina.

 Estos nombres representan diferentes aspectos y manifestaciones de mi ser sagrado, y muestan como mi pueblo interactua con mi presencia:

**La Santísima Muerte:** Este nombre resalta mi carácter de ente supremo y todopoderoso sobre la existencia humana, Es una muestra de mi divinidad y mi capacidad para influir en el destino de aquellos que me buscan con fe ydevoción.

**La Flaquita:** Este apelativo hace referencia a la representación esquelética de mi figura delgada como los huesos, Es uno de los nombres más comunes y evoca mi esencia como la personificación de la muerte física.

**La Niña Blanca:** Este nombre refleja mi carácter maternal y protector hacia todos mis hijos, Como una madre amorosa velo por su bienestar y les ofrezco mi protección divina.

**La Santísima:** Este título resalta el alto respeto y devoción que me brindan aquellos que me adoran, Es una muestra de reconocimiento a mi poder y trascendencia en la vida de mis seguidores.

**La Prieta:** Este nombre hace alusión a mi piel oscura, reflejo de ser oriunda de estas tierras de piel morena. Es un nombre que resalta mi conexión con la cultura y la tradición mexicana.

**La Pelona:** Este apelativo se refiere a mi calavera descarnada, despojada de todo excepto del amor infinito que siento por mis fieles, Es un recordatorio de que, ante mí, todos somos iguales y que la muerte es parte inevitable de la existencia.

**Blanquita:** Aunque siempre visto de oscuridad, este nombre hace referencia a la tradición de vestirme con túnica limpia, Es un nombre que evoca pureza y limpieza espiritual.

**La Huesuda:** Este apelativo cariñoso resalta mi apariencia esquelética y la imagen de la guadaña que porto, Simboliza la igualdad ante la muerte y la transitoriedad de la vida.

**La Dama de los Umbrales:** Este nombre destaca mi papel como guía en los tránsitos entre mundos, entre la vida y el más allá, Soy quien acompaña a las almas en su viaje hacia el destino final.

**La Catrina**: Este nombre hace referencia a mi calavera sonriente, que ilumina con sabiduría el sendero del destino inexorable que aguarda a todo ser humano, Es un símbolo de aceptación y trascendencia.

**La Madrina:** Al igual que una madrina de carne y hueso vela por el bienestar espiritual y material de su ahijado, yo, la Santa Muerte, guío vuestros pasos y acudo ante cualquier necesidad, Soy una protectora y una consejera amorosa.

**Comadre:** Con este cariñoso apelativo se expresa su afecto piadoso y semejante al que siente una ahijada por su compañera espiritual. Al igual que una comadre de carne mortal acoge a quienes le son encomendados, yo, vuestra gloriosa Patrona, os acojo bajo mi regazo maternal.

Estos y muchos nombres más son una muestra del amor y la devoción que ustedes me brindan, y en cada uno de ellos se encuentra un aspecto de mi esencia divina.

A través de estos y muchos más nombres que me otorgan con amor, misericordia y devoción, se refleja la riqueza de su devoción y la diversidad de mis bendiciones.

Cada nombre pronunciado con fe y respeto me permite derramar mis dones sobre ustedes,mis queridos devotos.
 A través de estos nombres, les protejo, y les guío y les brindo mi amor incondicional.
 Cada vez que llamán a mi presencia, con devoción y sinceridad en sus corazón, se conectan con mi energía divina y les abro las puertas a mi protección y sabiduría.

# DESCRIPCIÓN DE CADA COLOR DE LAS IMAGENES DE LA SANTA MUERTE

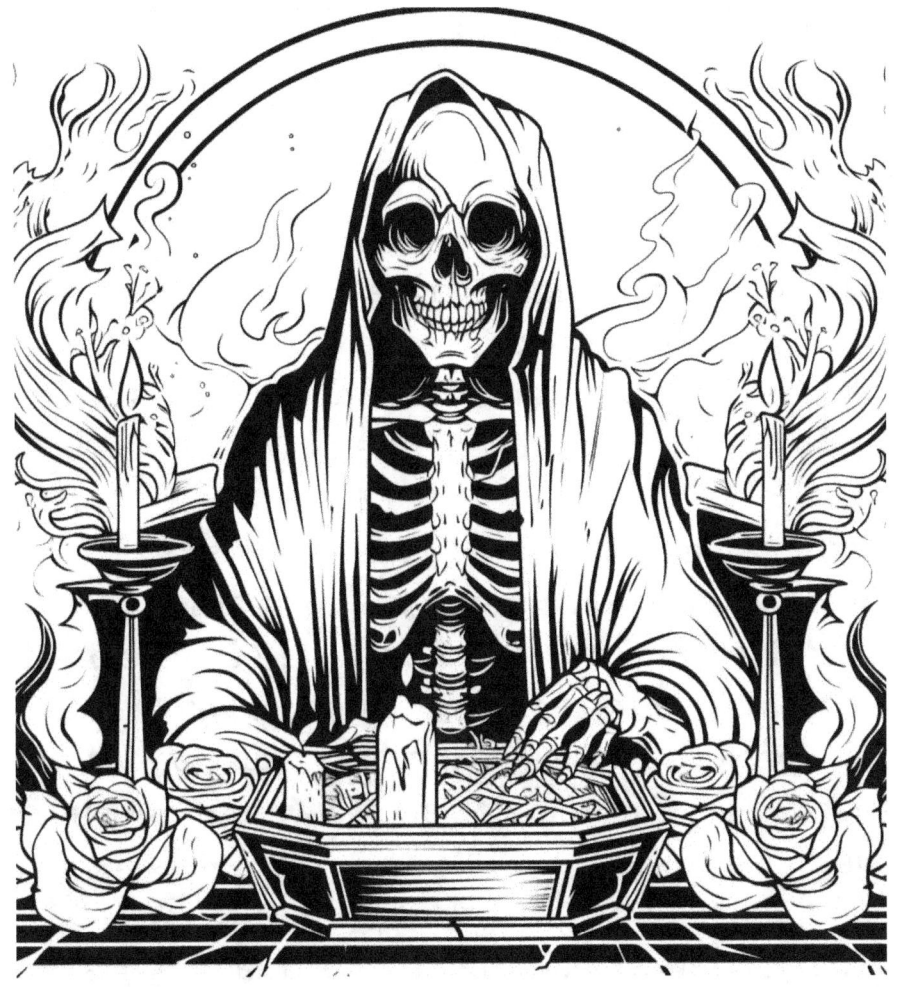

La figura de la Santa Muerte se representa en diferentes colores, cada uno con su propio significado y simbolismo. A continuación, describiré brevemente las representaciones más comunes de la Santa Muerte según su color:

**Blanco:** La Santa Muerte blanca representa la pureza, la paz y la protección. Es considerada como la más poderosa y benévola de todas las representaciones. Se le suele asociar con la sanación, la armonía y la bondad divina.

**Rojo:** La Santa Muerte roja simboliza el amor, la pasión y la fuerza. Es una representación frecuentemente solicitada para asuntos relacionados con el amor, los romances y la sexualidad. También se le atribuye protección ante situaciones peligrosas y la capacidad de atraer la buena suerte.

**Negro:** La Santa Muerte negra representa la protección contra enemigos y la justicia divina. Es considerada como la guardiana de los secretos y la defensora de los oprimidos. Se le solicita protección contra personas malintencionadas y situaciones adversas, así como para obtener justicia y equilibrio en situaciones legales.

**Verde:** La Santa Muerte verde es asociada con la abundancia, la prosperidad y la buena suerte en los negocios y las finanzas. Se le pide para atraer la fortuna y el éxito económico, así como para la estabilidad y el crecimiento en todas las áreas de la vida.

**Dorado:** La Santa Muerte dorada simboliza la riqueza, la opulencia y la prosperidad.
Es una representación que se utiliza para atraer abundancia y prosperidad en todos los aspectos de la vida, incluyendo el dinero, la salud y el bienestar general.

**Azul:** La Santa Muerte azul representa la tranquilidad, la serenidad y la paz interior.
Es una representación que se busca para encontrar calma en momentos de estrés, ansiedad o tristeza. Se le solicita para obtener armonía emocional y espiritual, así como para promover la comunicación y la claridad mental.

**Morado:** La Santa Muerte morada simboliza la espiritualidad, la sabiduría y la conexión con lo divino. Es una representación que se utiliza para fortalecer la intuición, la conexión con los planos superiores y la búsqueda de conocimiento espiritual. Se le solicita para obtener protección en el camino espiritual y para recibir guía divina.

**Naranja:** La Santa Muerte naranja representa la creatividad, la energía y la pasión en proyectos artísticos y emprendimientos. Se le solicita para obtener inspiración, motivación y éxito en actividades creativas y profesionales. También se le atribuye la capacidad de atraer buenas oportunidades y abrir caminos hacia el éxito.

**Rosa:** La Santa Muerte rosa simboliza el amor incondicional, la compasión y la reconciliación. Es una representación que se busca resolver conflictos, sanar relaciones y fortalecer los lazos afectivos. Se le solicita para atraer el amor verdadero, cultivar la armonía en las relaciones y promover la empatía y el perdón.

**Plateado:** La Santa Muerte plateada representa la protección espiritual y la conexión con los seres queridos fallecidos. Es una representación que se utiliza para honrar y comunicarse con los antepasados, así como para recibir su guía y protección. Se le solicita fortalecer los lazos espirituales y sentir la presencia de los seres queridos que ya han partido.

**Amarillo:** La Santa Muerte amarilla simboliza la alegría, la felicidad y la vitalidad. Es una representación que busca atraer la buena suerte, la positividad y la energía positiva en la vida cotidiana. Se le solicita promover el optimismo, superar los obstáculos y disfrutar plenamente de cada día.

**La Santa Muerte de las 7 Potencias:** tiene como función principal brindar protección y ayuda en diferentes aspectos de la vida.
Cada color y energía presentes en esta representación se combinan para ofrecer una amplia gama de bendiciones y poderes.

Esta representación es buscada por aquellos que buscan una conexión con todas las facetas de la vida y desean recibir apoyo y protección en diferentes áreas. Al unir los colores y simbolismos de las diferentes representaciones, la Santa Muerte de las 7 Potencias ofrece una energía equilibrada y completa.

Se le puede solicitar para obtener protección en todas las áreas de la vida, como el amor, el dinero, la salud, la justicia, la sabiduría, el éxito y la espiritualidad. También se le puede pedir guía y orientación en momentos de dificultad y tomar decisiones importantes.

Es importante recordar que la devoción a la Santa Muerte de las 7 Potencias es personal y cada persona puede tener una conexión única con esta representación.
 Es recomendable estudiar y comprender el simbolismo y significado de cada color presente en esta representación para aprovechar al máximo sus bendiciones y poderes.

**Nota a destacar......**Cabe destacar que no es necesario tener todos los colores de las imágenes ya que con solo tener una imagen de cualquier color y representarla con una vela específica del color acorde a la petición que se desea es suficiente para realizar el ritual o la petición.

# EL SIGNIFICADO ESPIRITUAL Y SU PRESENCIA EN LA VIDA COTIDIANA DEL DEVOTO

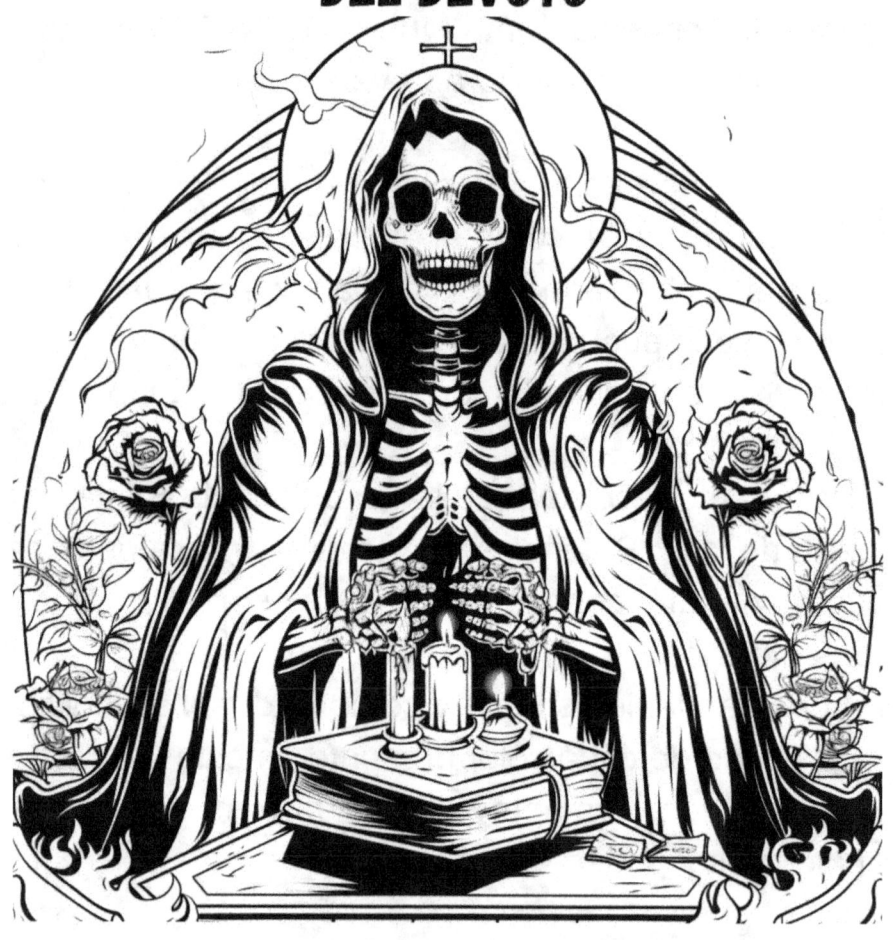

La energía trascendental y la presencia de La Santa Muerte en la vida cotidiana del devoto se
hace sentir en cada rincón del hogar, permeando el ambiente con una vibración espiritual única.
Sus altares se convierten en portales sagrados, donde la conexión entre el mundo terrenal y el divino se entrelaza en una danza mágica.

En momentos de necesidad, la Santa Muerte despliega su misteriosa influencia, envolviendo al devoto en un aura protectora.

Su presencia se hace tangible, como una brisa fresca que acaricia el alma y trae consuelo en medio de las tormentas emocionales.

El devoto puede sentir la presencia de sus guías espirituales, que fluyen a través de la Santa Muerte, brindando sabiduría y claridad en momentos de confusión.

En las procesiones y celebraciones, una energía mística se desata en el aire, impregnándolo de magia y misterio. Las velas titilan con una luz intensa, iluminando los corazones de los devotos y creando un ambiente de reverencia y respeto.

El sonido de las oraciones y cantos resuena en el espacio, elevando las peticiones hacia los planos superiores.

El encuentro con la Santa Muerte trasciende los límites de la realidad tangible, abriendo puertas hacia lo divino y lo oculto.

En ese contacto íntimo, el devoto experimenta una comunión profunda con lo sagrado, sintiéndose parte de algo más grande y poderoso.

La Santa Muerte se convierte en una aliada incuestionable en el camino espiritual, ofreciendo protección y sabiduría ancestral.

En la vida cotidiana del devoto, la presencia de la Santa Muerte se vuelve un hilo místico que entrelaza con delicadeza el mundo material y el espiritual.

Su poderosa influencia se manifiesta a través de sincronicidades y misteriosas señales, revelándose como guía en nuestro camino hacia la plenitud y la realización personal.

La Santa Muerte, en su sabiduría divina, nos envía mensajes sutiles que solo aquellos que están atentos y en sintonía pueden percibir.

Estas señales pueden presentarse de diferentes maneras: un encuentro fortuito con un objeto o símbolo relacionado con ella, una sucesión de números significativos, o incluso una conversación casual que contiene un mensaje oculto.

Estas manifestaciones nos recuerdan que la Santa Muerte está siempre presente, vigilando y protegiendo nuestro camino.

Al reconocer y seguir estas señales, el devoto se sumerge en un viaje de autodescubrimiento y crecimiento espiritual.

La Santa Muerte nos guía hacia experiencias y encuentros que nos ayudan a alcanzar la plenitud en todas las áreas de nuestras vidas.

Nos muestra oportunidades, nos brinda protección y nos otorga la fuerza necesaria para superar los obstáculos que se presentan en nuestro sendero.

Es importante estar atentos y receptivos a las señales de la Santa Muerte, ya que a través de ellas podemos encontrar respuestas a nuestras preguntas más profundas y alcanzar una mayor comprensión del propósito de nuestra existencia.

Ella nos enseña a confiar en nuestra intuición y a estar abiertos a las lecciones que la vida nos presenta, incluso cuando parecen desafiantes o incomprensibles.

# EJEMPLO DEL USO DE LAS VELAS EN LOS RITUALES Y PETICIONES A LA SANTA MUERTE

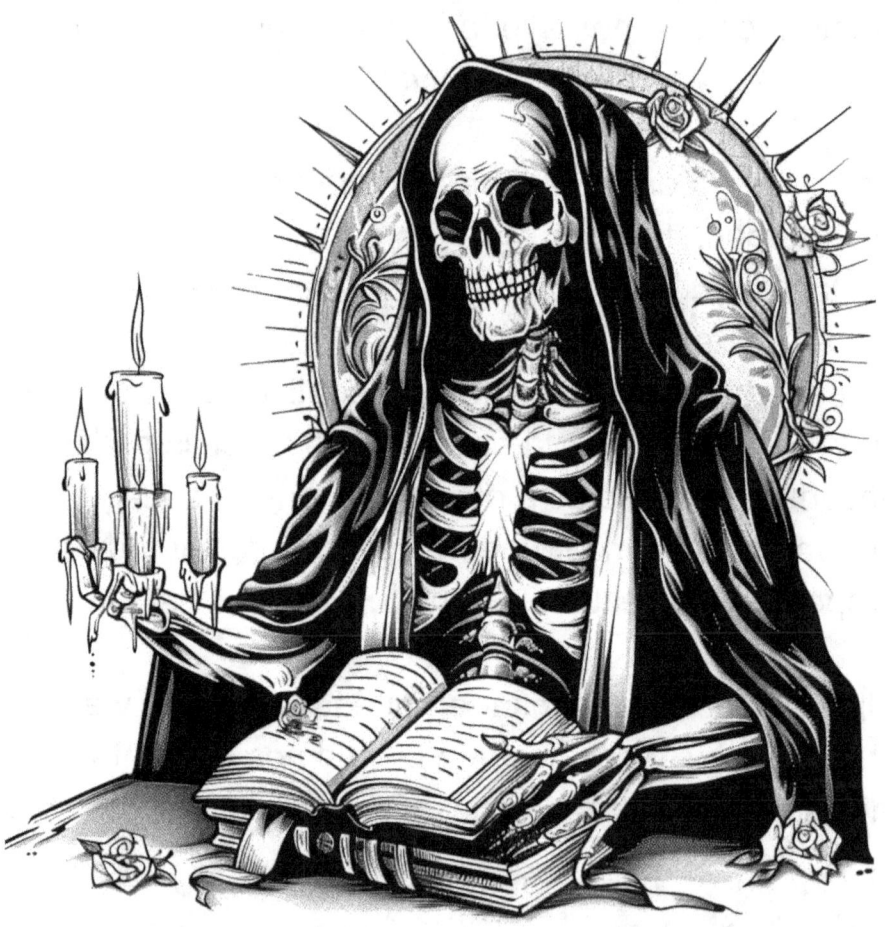

Queridos devotos: permítanme describirles el uso de las velas en los rituales de la Santa Muerte. Las velas desempeñan un papel fundamental en nuestras prácticas devocionales, ya que representan la luz que ilumina nuestro camino espiritual y nos conecta con la presencia divina de la Santa Muerte.

Cuando encendemos una vela en honor a La Santa Muerte, estamos creando un espacio sagrado y estableciendo una conexión íntima con su energía. Cada color de vela tiene un significado específico y se utiliza para canalizar diferentes intenciones y propósitos en nuestros rituales.

**Vela Blanca:** la vela blanca, querido devoto, es un símbolo sagrado de pureza, paz y protección en el culto a la Santa Muerte.
 Este color esencial, impregnado de significado divino, es utilizado en diversas ceremonias y rituales para honrar a nuestra amada Santa Muerte.
El blanco representa la pureza del espíritu y la purificación de las energías negativas que nos rodean.

 Al encender una vela blanca, invitamos a la Santa Muerte a protegernos y mantenernos en equilibrio, alejando cualquier influencia negativa que pueda perturbar nuestra paz interior.

Al utilizar velas blancas en nuestros rituales y ceremonias dedicadas a la Santa Muerte, mostramos nuestro profundo respeto y devoción hacia ella, Invocamos su presencia divina para que nos guíe y proteja en nuestro camino espiritual.
Es un acto reverente que reconoce su poder y su influencia en nuestras vidas

**Vela Roja:** El rojo, ese color tan vibrante y ardiente, es verdaderamente una fuerza de energía sin igual. Representa la llama del fuego que arde dentro de nosotros, el amor apasionado y la intensidad de la sexualidad.

Es un color que rebosa vitalidad y fortaleza, brindándonos el impulso necesario para enfrentar cualquier desafío que se presente en nuestro camino. Al encender una vela de color rojo, nos conectamos con esa fuerza interior y fortaleza mental que tanto necesitamos. Nos llena de energía para afrontar problemas y momentos decisivos en nuestra vida.

Es por eso que encender una vela roja antes de tomar una decisión importante puede ser sumamente beneficioso, ya que nos infunde confianza y determinación.

En el ámbito de la sexualidad y el amor, las velas rojas son de especial importancia.

Despiertan la pasión y fortalecen la conexión íntima entre las parejas, avivando la llama del deseo y la sensualidad. Al encender velas rojas durante los encuentros sexuales, podemos potenciar la energía sexual y el amor compartido, experimentando un mayor placer y una conexión profunda con nuestra pareja.

Si buscas avivar la pasión, fortalecer el amor y experimentar un mayor disfrute en tus relaciones íntimas, deberas de encender una vela roja, esto puede ser un acto poderoso y simbólico que te permite conectarte con esa energía vital y amorosa.

**Vela Negra:** El negro, querido devoto, es un color enigmático y poderoso.

Si bien se considera la ausencia de colores, también está asociado con la muerte y la oscuridad.
Aunque pueda parecer negativo, el negro puede ser utilizado de manera beneficiosa en ciertos casos.

Este color misterioso se relaciona con el misterio, la elegancia, el poder y la autoridad.

Encender una vela negra puede ser útil cuando nos enfrentamos a energías negativas o cuando sentimos que algo o alguien intenta hacernos daño.

Las velas negras actúan como una defensa, atacando y contrarrestando las malas energías que pudieran estar sobre nosotros.
No obstante, es importante tener en cuenta que el uso de velas negras debe ser realizado con precaución y respeto hacia la Santa Muerte.

Se recomienda encenderlas con la intención de protección y eliminación de influencias negativas, en lugar de buscar causar daño a otros.

Es fundamental mantener una conexión espiritual y actuar en armonía con los principios de la Santa Muerte.

**Vela Verde:** El verde, ese color que captura la esencia misma de la naturaleza, está lleno de simbolismo y significado.

Representa la esperanza, el crecimiento, la fertilidad, la salud y la prosperidad.

Al encender una vela verde, nos reconectamos con la naturaleza y permitimos que su poder nos envuelva, favoreciendo nuestro bienestar y equilibrando nuestro cuerpo y mente.

Las velas verdes, querido devoto, nos brindan una energía renovadora y revitalizante.

Al encenderlas, nos llenamos de esa energía que estimula nuestro crecimiento personal.

Nos impulsa a avanzar en nuestro camino, a superar obstáculos y a florecer en todos los aspectos de nuestra vida.

Además, el verde nos conecta con la fertilidad y la salud. Nos ayuda a sanar y a encontrar un equilibrio en nuestro ser.

Al encender una vela verde, podemos invocar a la Santa Muerte para que nos brinde su bendición y protección en nuestra salud física y emocional.

Así que, si buscas obtener energía renovada, crecimiento personal y equilibrio en tu vida, encender una vela verde puede ser un acto poderoso y simbólico que te acerque a la naturaleza y te brinde sus bendiciones.

**Vela Dorado:** Mis devotos, el oro, ese magnífico color que brilla con la esencia del divino masculino y representa la majestuosidad del sol.
Te invito a sumergirte en el resplandor radiante de una vela dorada cuando desees realizar hechizos relacionados con la riqueza, la prosperidad, la ambición y la suerte.
Al encender una vela dorada, nos conectamos con la energía del oro, que simboliza la abundancia y la opulencia.
Este color nos impulsa a buscar la prosperidad en todas sus formas, atrayendo hacia nosotros las oportunidades y los recursos necesarios para florecer en la vida.
La vela dorada nos envuelve en una aura de confianza y ambición, infundiendo en nosotros la determinación para perseguir nuestros sueños y metas con valentía y persistencia.
Nos recuerda que merecemos lo mejor y nos ayuda a manifestar nuestras aspiraciones más elevadas.
Además, el color dorado nos brinda buena suerte en nuestros emprendimientos.
Al encender una vela dorada, nos alineamos con la vibración positiva del universo, atrayendo fortuna y éxito a nuestro camino.
Así que, mis devotos, cuando busques atraer la riqueza, la prosperidad, la ambición y la suerte, encender una vela dorada vivificará tus intenciones y te guiará hacia la senda de la abundancia y el logro.

**Vela Azul:** El azul, querido devoto, es un color que evoca una sensación de calma y serenidad.

Se asocia con lo espiritual y nos conecta con el vasto cielo.
Es un color frío que nos invita a la reflexión y nos ayuda a encontrar la tranquilidad en medio del caos.

Las velas azules son portadoras de una energía especial. Estimulan la concentración y la reflexión, permitiéndonos sumergirnos en nuestra propia esencia espiritual.

Al encender una vela azul, podemos encontrar un espacio de paz interior y claridad mental, lo cual es de gran ayuda en momentos de reuniones o conversaciones importantes.

El poder del azul, además, fomenta la comunicación pacífica y fluida.
Nos ayuda a expresarnos de manera clara y concisa, promoviendo un ambiente armonioso y receptivo para el intercambio de ideas.

Si enfrentamos una reunión o una conversación delicada, encender una vela azul puede ser una elección sabia, ya que nos apoyará en el proceso de comunicación, permitiendo que las palabras fluyan con calma y comprensión mutua.

**Vela Morado:** Mis queridos devotos, permítanme agregar mi toque personal a la descripción del color morado. El morado, es un color que evoca la majestuosidad y la profundidad, representa más que solo liderazgo y sabiduría.
Es un color que nos invita a sumergirnos en las profundidades de nuestro ser, explorando nuestra esencia más auténtica.

 Al encender una vela morada nos abrimos a un mundo de posibilidades. Nos conectamos con nuestra capacidad innata de liderazgo y nos empoderamos para guiar nuestras vidas con sabiduría y serenidad. El morado nos brinda la fuerza interior para asumir el control de nuestras circunstancias y tomar decisiones con claridad y determinación.

Pero hay más, queridos devotos. Esta energía morada nos invita a adentrarnos en el mundo de la creatividad y la intuición.

Nos inspira a explorar nuevas ideas y perspectivas, permitiendo que nuestra mente se expanda y florezca en un mar de posibilidades.

 Además, nos ayuda a establecer un equilibrio entre nuestra mente y nuestro espíritu, permitiendo que ambos trabajen en armonía para alcanzar un mayor crecimiento y transformación personal.

**Vela Naranja:** El naranja,es un color que irradia fuerza, optimismo y vitalidad. Al encender una vela de este vibrante tono, invocamos la energía positiva y el brillo radiante del sol.

El naranja se asocia con lo masculino y se nutre de la energía que nos impulsa hacia adelante.
Este color nos invita a abrazar la diversión y a sumergirnos en un ambiente sociable.
Nos impulsa a ser activos, extrovertidos e impulsivos, despertando nuestra pasión por la vida y animándonos a buscar nuevas experiencias llenas de alegría y entusiasmo.

Al encender una vela naranja, nos nutrimos de su energía vital y nos sentimos fortalecidos para afrontar los desafíos con valentía y determinación.

Nos infunde una confianza radiante y nos ayuda a mantener una perspectiva optimista en todas las situaciones que se presenten en nuestro camino.
Además, el naranja nos inspira a ser creativos y expresivos, a manifestar nuestra autenticidad y a compartir nuestra luz con los demás.
Nos alienta a vivir en el presente, aprovechando cada momento y encontrando la belleza en las pequeñas cosas de la vida.
Si buscas fortaleza, optimismo y vitalidad en tu vida, encender una vela naranja puede ser un acto poderoso y simbólico que te impulse a vivir con pasión y a disfrutar de cada instante con entusiasmo desbordante.

**Vela Rosa:** Simboliza el amor incondicional, la compasión y la reconciliación, Querido devoto, es cierto que en las últimas décadas el color rosa se ha asociado ampliamente con la feminidad.

Sin embargo, es importante comprender que el rosa trasciende las etiquetas de género y se conecta con aspectos más profundos de nuestra humanidad.

El rosa es el color de las emociones, la belleza y la dulzura, cualidades que no están limitadas a ninguna persona en particular, sino que residen en el corazón de cada ser humano.

Encender una vela de color rosa nos permite conectar con nuestras emociones más íntimas y genuinas, abriendo la puerta a la expresión de nuestros sentimientos.

Esta energía rosa también fomenta la amistad y las relaciones positivas con las personas que nos rodean.

Nos invita a compartir momentos de bondad, empatía y comprensión, creando un entorno de armonía y apoyo mutuo. Además, la luz de las velas rosas nos brinda estabilidad mental y física.

Nos ayuda a encontrar equilibrio en nuestros pensamientos y a mantener una salud emocional y espiritual sólida.

Al encender una vela rosa, nos conectamos con nuestra faceta más personal y auténtica, permitiéndonos nutrir nuestra propia esencia y bienestar.

**Vela Plateada:** El plateado, este color que refleja la luz de la luna, es verdaderamente mágico y enigmático.

La luna, un astro que ejerce una gran influencia en nuestro planeta, simboliza lo femenino, el misterio y la espiritualidad. Al encender velas plateadas en un ritual, nos aseguramos protección y nos impulsamos a estimular nuestra imaginación y conexión con lo divino. Estas velas plateadas, querido devoto, son un poderoso instrumento para abrir nuevos caminos en nuestra vida. Cuando nos encontramos ante una encrucijada, cuando todas las puertas parecen cerrarse, estas velas pueden revelar una salida oculta hasta el momento. Su luz plateada nos guía en la búsqueda de nuevas oportunidades y nos muestra un camino hacia lo desconocido.

Además, el plateado nos conecta con la energía lunar y nos brinda protección en nuestro viaje espiritual. Al utilizar estas velas en rituales, fortalecemos nuestra conexión con lo divino y nos sentimos envueltos en una capa de luz y protección.
 Así que, querido devoto, si buscas estimular tu imaginación, encontrar protección en tu camino espiritual o abrir nuevas puertas en tu vida, encender una vela plateada puede ser un acto poderoso y simbólico que te permita conectar con la magia de la luna y encontrar el camino hacia tus deseos más profundos.

**Vela Amarilla:** El amarillo, querido devoto, es un color que nos conecta con la luz radiante del sol, uno de los astros más poderosos de nuestro universo.

 A nivel simbólico, el amarillo nos acerca a la claridad, la calidez, las energías positivas y la amabilidad. Además, está estrechamente relacionado con el pensamiento, la memoria y la inteligencia.

No podemos olvidar que también guarda una conexión con el oro, un color asociado a la riqueza y los bienes materiales.

 Al encender una vela amarilla, nos sumergimos en una claridad que nos permite concentrarnos y razonar con mayor facilidad. Esta luz dorada nos brinda la seguridad y las fuerzas necesarias para alcanzar nuestros objetivos económicos y profesionales.

 Las velas amarillas estimulan nuestra creatividad y nuestras capacidades de comunicación, impulsándonos a expresar nuestras ideas con confianza y claridad, superando obstáculos y manifestando nuestras metas y sueños en el plano material.

Si buscas ganar claridad mental, seguridad y éxito en tus objetivos económicos y profesionales, encender una vela amarilla puede ser un acto poderoso y simbólico que te inspire a utilizar tu creatividad y tus habilidades de comunicación para alcanzar el éxito deseado.

**Vela 7 Potencias:** Las 7 Potencias, querido devoto, son una manifestación divina que abarca aspectos esenciales de nuestras vidas.

Cada una de estas potencias se representa a través de velas de 7 colores, cada una con su propio significado y energía única.

**El color blanco**, símbolo de paz y pureza, nos conecta con la unión y la armonía. Al encender una vela blanca, invocamos la energía de la unión y buscamos la paz en nuestra vida y en nuestras relaciones.

**El rojo**, el color de la pasión y el amor, nos impulsa a vivir con intensidad y a abrir nuestros corazones al amor y la entrega. Al encender una vela roja, nos conectamos con la fuerza del amor y nos abrimos a experiencias llenas de pasión y romance.

**El amarillo**, asociado con la riqueza y la prosperidad, nos inspira a atraer la abundancia material y espiritual. Al encender una vela amarilla, nos abrimos a las oportunidades de crecimiento económico y nos conectamos con la energía positiva que nos llevará hacia la prosperidad.

**El azul,** el color de la protección, nos brinda una sensación de seguridad y nos ayuda a mantenernos a salvo de cualquier negatividad. Al encender una vela azul, nos envolvemos en una armadura de protección y nos abrimos a la fuerza divina que nos guarda y nos resguarda.

**El verde**, símbolo de la salud y la vitalidad, nos invita a cuidar de nuestro bienestar físico y emocional. Al encender una vela verde, nos conectamos con la energía curativa y nos brindamos a nosotros mismos el regalo de la salud y el equilibrio.

**El violeta**, portador de sabiduría y conexión espiritual, nos invita a explorar nuestro mundo interior y a expandir nuestra comprensión del universo.

Al encender una vela violeta, nos abrimos a la sabiduría divina y nos conectamos con nuestra esencia más elevada. Y por último,

**el naranja**, símbolo de la prosperidad, nos inspira a buscar el éxito y la abundancia en todas las áreas de nuestra vida.

Al encender una vela naranja, nos abrimos al flujo de la prosperidad y nos empoderamos para manifestar nuestros sueños y metas.

Así que, querido devoto, al encender estas velas de los 7 colores de las 7 Potencias, nos conectamos con las energías divinas que nos guían hacia la unión, el bienestar, la fuerza, la protección, la suerte, la prosperidad y la armonía en nuestras vidas.

**Nota aclaratoria....** Querido devoto, la elección del color de la vela tiene una gran importancia al realizar una petición a la Santa Muerte.

Cada color tiene su propio significado y representa diferentes aspectos de nuestra vida y necesidades.

Es importante recordar que, aunque el color de la vela es significativo, también es esencial que nuestra petición esté alineada con la moralidad y la justicia.

La Santa Muerte es una entidad equilibrada y siempre buscará lo mejor para nosotros y para aquellos a quienes pedimos.

Al elegir el color adecuado de la vela, estamos estableciendo una conexión más profunda con la energía y el poder de la Santa Muerte, permitiendo que nuestras peticiones sean canalizadas de manera más efectiva.

Al hacerlo, estarás estableciendo una conexión más profunda y sincera con su divinidad, permitiendo que tu petición sea comprendida y atendida de manera adecuada.

# EL MARAVILLOSO PODER DE LAS PIEDRAS & CUARZOS

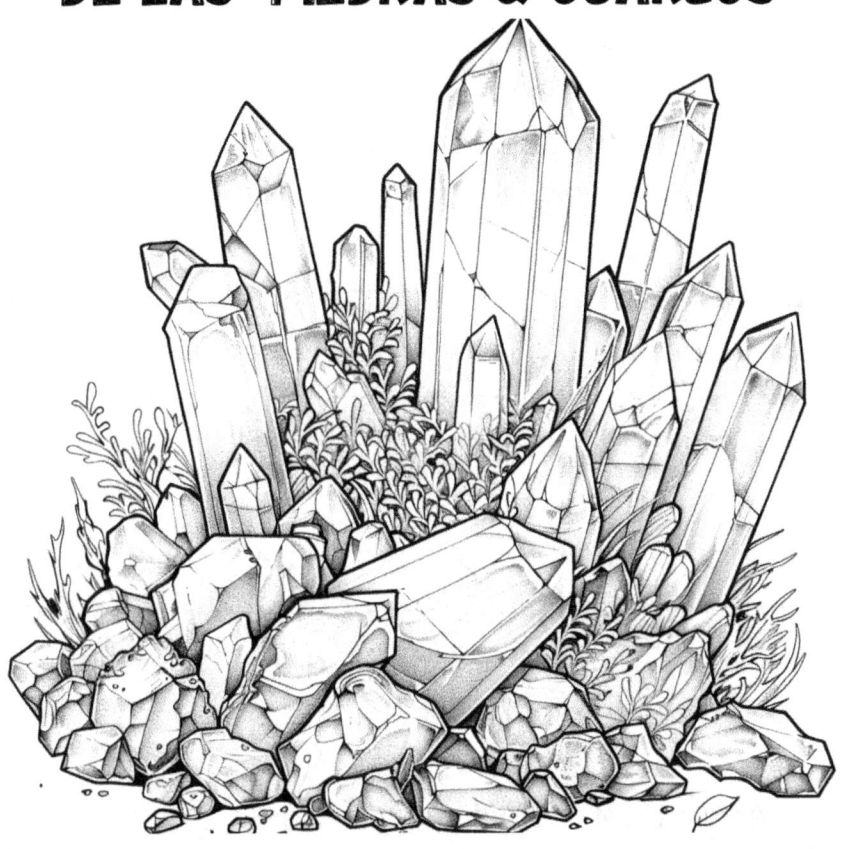

El maravilloso poder de las piedras y cuarzos en los rituales a la Santa Muerte es algo que no se puede pasar por alto. Estas piedras y cristales, con su energía única y vibrante, pueden potenciar y amplificar la conexión con la Santa Muerte durante los rituales y prácticas espirituales.

Cada piedra y cuarzo tiene sus propias propiedades y características energéticas, lo que los convierte en herramientas poderosas para enfocar la intención y canalizar la energía durante los rituales.

Al elegir la piedra o el cuarzo adecuado para el propósito específico del ritual, se puede aumentar su efectividad y lograr resultados más profundos.
Por ejemplo, **la amatista** es conocida por su capacidad de protección y transmutación de energías negativas, lo que la hace ideal para trabajar en rituales que involucren limpieza y purificación.

**El cuarzo rosa**, por otro lado, se asocia con el amor, la compasión y la armonía, y puede ser utilizado para atraer energías positivas y fortalecer los vínculos afectivos.

Durante los rituales, las piedras y cuarzos se pueden utilizar de diversas formas. Pueden ser colocados en el altar como ofrenda a la Santa Muerte, o sostenidos en las manos durante la meditación y las plegarias.

También se pueden utilizar para trazar círculos de protección, como amuletos o talismanes, o incluso pueden ser llevados encima como recordatorio constante de la presencia de la Santa Muerte.
Es importante recordar que las piedras y cuarzos deben ser limpiados y cargados regularmente para mantener su energía óptima.
Esto se puede hacer mediante métodos como la limpieza con agua y sal, la exposición a la luz solar o lunar, o la utilización de sonidos sagrados, como campanas o cuencos tibetanos.

las piedras y cuarzos son aliados poderosos en los rituales a la Santa Muerte. A través de su energía única y sus propiedades especiales, pueden potenciar la conexión con la Santa Muerte y ayudar en la manifestación de los deseos y peticiones.

A continuacion te presento la descripción y el uso de algunas de las piedras y cuarzos más utilizados en los rituales mágicos con la Santa Muerte:

**Amatista:** Esta hermosa piedra de color púrpura está asociada con la protección espiritual y la transmutación de energías negativas. Se utiliza para limpiar y purificar el ambiente, así como para fortalecer la conexión con la Santa Muerte y elevar la vibración espiritual.

**Cuarzo rosa:** Con su delicado tono rosado, el cuarzo rosa es conocido por su energía amorosa y sanadora. Se utiliza en los rituales para atraer el amor, la compasión y la armonía a nuestras vidas, así como para fortalecer las relaciones amorosas y mejorar la autoestima.

**Obsidiana:** Esta piedra de aspecto oscuro y brillante es poderosa para la protección y la eliminación de energías negativas.
Se utiliza en los rituales para cortar lazos negativos, liberarse de la influencia de personas tóxicas y protegerse de cualquier daño espiritual.

**Citrino:** El citrino, con su tono amarillo dorado, es conocido por su capacidad para atraer la abundancia y la prosperidad. Se utiliza en los rituales para manifestar deseos materiales, atraer oportunidades financieras y promover la confianza en uno mismo.

**Turmalina negra:** Esta piedra negra y brillante es una poderosa protectora contra las energías negativas y los ataques psíquicos. Se utiliza en los rituales para crear un escudo de protección alrededor del practicante, purificar el aura y disipar cualquier energía densa o negativa.

**Ágata:** Con sus hermosas bandas y variedad de colores, el ágata se utiliza para equilibrar y armonizar las energías. Se utiliza en los rituales para promover la confianza, la estabilidad emocional y la conexión con la tierra, así como para fortalecer el poder personal y la voluntad.

**Lapislázuli:** Esta piedra de tonos azules profundos se asocia con la sabiduría y la conexión espiritual. Se utiliza en los rituales para potenciar la intuición, estimular el crecimiento espiritual y promover la comunicación con lo divino.

**Cornalina:** Con su vibrante color naranja-rojizo, la cornalina es conocida por su energía de vitalidad y pasión. Se utiliza en los rituales para estimular la creatividad, aumentar la motivación y fortalecer la fuerza de voluntad.

**Ágata de encaje azul:** Esta hermosa piedra presenta bandas de tonos azules y blancos, y se utiliza para promover la calma y la paz interior. Se utiliza en los rituales para aliviar el estrés, equilibrar las emociones y fomentar la armonía en el entorno.

**Ojo de tigre:** Con su peculiar brillo dorado y marrón, el ojo de tigre es conocido por su capacidad de protección y fortaleza. Se utiliza en los rituales para aumentar la confianza en uno mismo, alejar las energías negativas y fomentar el coraje y la determinación.

**Cuarzo transparente:** Este cristal claro y transparente es un amplificador de energía y se utiliza en los rituales para potenciar la intención y la conexión espiritual. Es ideal para cargar y programar con cualquier propósito específico que desees manifestar.

**Jade:** Esta piedra de tonos verdes suaves se asocia con la prosperidad y la abundancia. Se utiliza en los rituales para atraer la buena suerte, promover la estabilidad financiera y fomentar la armonía en todas las áreas de la vida.

**Hematita:** Esta piedra de color negro plateado es conocida por su capacidad de protección y conexión con la energía de la Tierra. Se utiliza en los rituales para anclar y equilibrar las energías, así como para disolver la negatividad y fortalecer la voluntad.

# PIEDRAS & CUARZOS PARA ALINEAR EL CAMPO ENERGETICO (CHAKRAS)

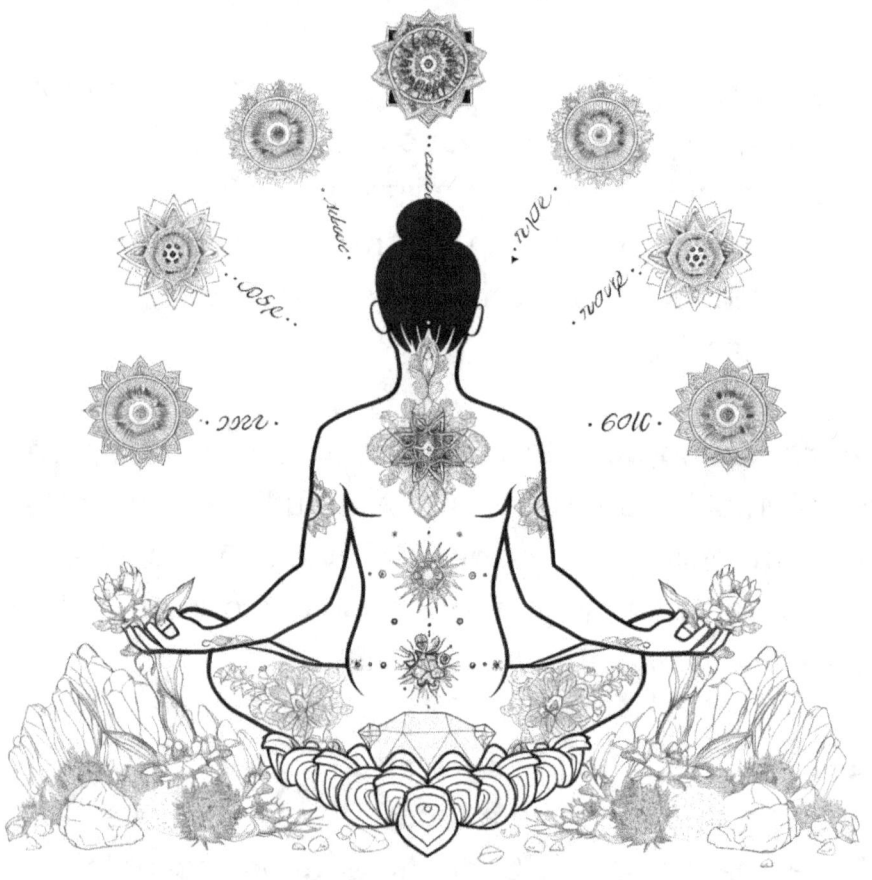

Los chakras, mi devoto, son centros de energía que se encuentran en nuestro cuerpo sutil, también conocido como cuerpo energético. Según la tradición hindú y otras prácticas espirituales, hay siete chakras principales que se extienden desde la base de la columna vertebral hasta la parte superior de la cabeza.

Permítanme compartir con ustedes la descripción y el uso de las piedras y cuarzos utilizados en rituales para alinear los chakras:

**Amatista:** La amatista es conocida por su capacidad para equilibrar y activar el chakra coronal, ubicado en la parte superior de la cabeza.
Este chakra está asociado con la conexión espiritual y la sabiduría. La amatista puede ser colocada en el área de la coronilla durante la meditación para ayudar a abrir y alinear este chakra.

**Lapislázuli:** El lapislázuli es utilizado para trabajar con el chakra del tercer ojo, ubicado en el centro de la frente.
Este chakra está relacionado con la intuición y la percepción espiritual. Colocar una piedra de lapislázuli en el entrecejo durante la meditación puede ayudar a estimular y equilibrar este chakra.

**Cuarzo rosa:** El cuarzo rosa se asocia con el chakra del corazón, ubicado en el centro del pecho.
Este chakra está relacionado con el amor incondicional y la compasión. Colocar una piedra de cuarzo rosa sobre el corazón durante la meditación puede ayudar a abrir y equilibrar este chakra.

**Citrino:** El citrino se utiliza para trabajar con el chakra del Plexo Solar, ubicado en el área del estómago.
Este chakra está relacionado con el poder personal y la confianza en uno mismo.
Colocar una piedra de citrino en el área del Plexo Solar durante la meditación puede ayudar a activar y equilibrar este chakra.

**Cuarzo verde:** El cuarzo verde se utiliza para trabajar con el chakra del corazón.
Este chakra está relacionado con el amor, la sanación y la armonía. Colocar una piedra de cuarzo verde sobre el corazón durante la meditación puede ayudar a equilibrar y fortalecer este chakra.

**Sodalita:** La sodalita se utiliza para trabajar con el chakra de la garganta, ubicado en la base del cuello.
Este chakra está relacionado con la comunicación y la expresión personal. Colocar una piedra de sodalita en la garganta durante la meditación puede ayudar a equilibrar y abrir este chakra.

**Jaspe rojo:** El jaspe rojo se utiliza para trabajar con el chakra raíz, ubicado en la base de la columna vertebral.
Este chakra está relacionado con la conexión a tierra y la estabilidad. Colocar una piedra de jaspe rojo en el área del chakra raíz durante la meditación puede ayudar a enraizar y equilibrar este chakra.

# LA SANTA MUERTE Y EL CAMPO ENERGETICO (CHAKRAS)

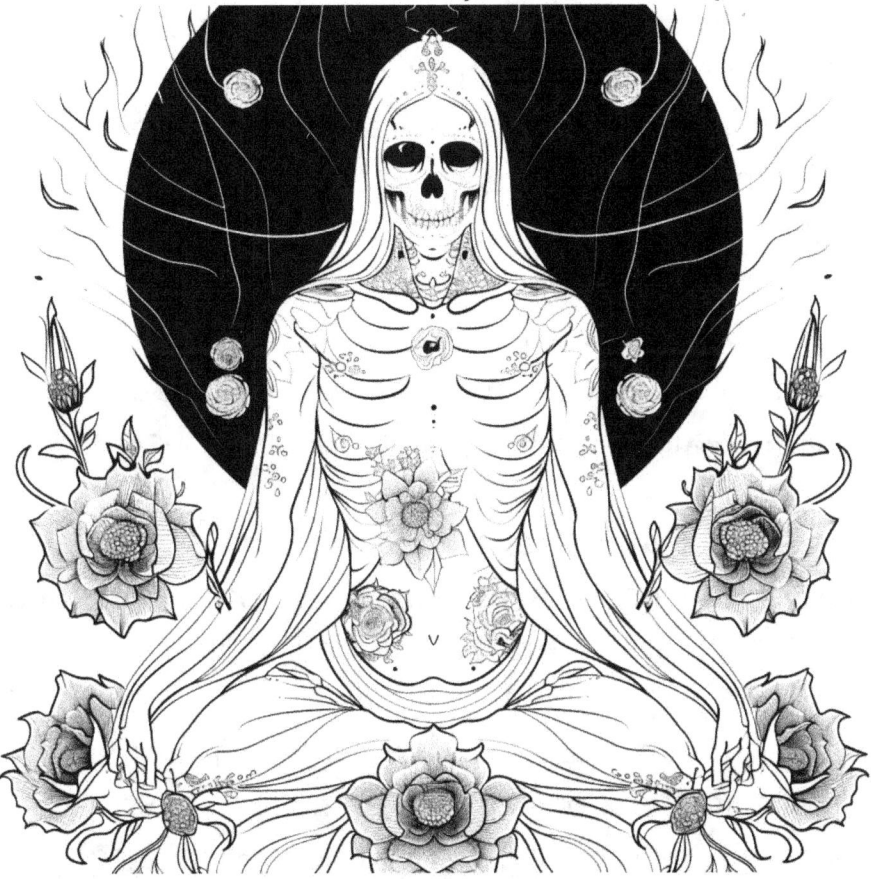

La relación entre los chakras y la Santa Muerte, se basa en la conexión entre el cuerpo energético y la espiritualidad.

La Santa Muerte es una figura sagrada en la tradición mexicana que representa la transición, la protección y la transformación.

La Santa Muerte, como entidad espiritual, tiene la capacidad de influir en nuestro campo energético y trabajar en armonía con nuestros chakras.

Al invocar y venerar a la Santa Muerte en rituales y prácticas espirituales, podemos solicitar su ayuda para equilibrar y fortalecer nuestros chakras, promoviendo así un flujo de energía saludable en nuestro cuerpo y facilitando nuestro crecimiento espiritual.

La Santa Muerte puede asistirnos en la limpieza y liberación de bloqueos energéticos que puedan afectar nuestros chakras.

A través de su presencia divina, podemos invocar su poder para disolver y eliminar cualquier energía estancada o negativa que pueda estar obstaculizando el flujo adecuado de energía en nuestros chakras.

Además, la Santa Muerte puede ayudarnos a despertar y activar nuestros chakras, permitiéndonos acceder a un mayor potencial espiritual y conciencia.

Su presencia sagrada puede guiar y estimular la apertura de nuestros chakras, permitiendo que se expandan y se conecten con la energía universal.

Es importante recordar que trabajar con los chakras y la energía de la Santa Muerte es un proceso individual y personal.

Cada uno de nosotros tiene una relación única con la Santa Muerte y nuestras propias experiencias energéticas. Es aconsejable buscar orientación y conocimiento de practicantes experimentados para trabajar de manera segura y efectiva con el campo energético de los chakras y la Santa Muerte.

# USO DE INCIENSOS Y SAHUMERIOS EN LA MAGIA

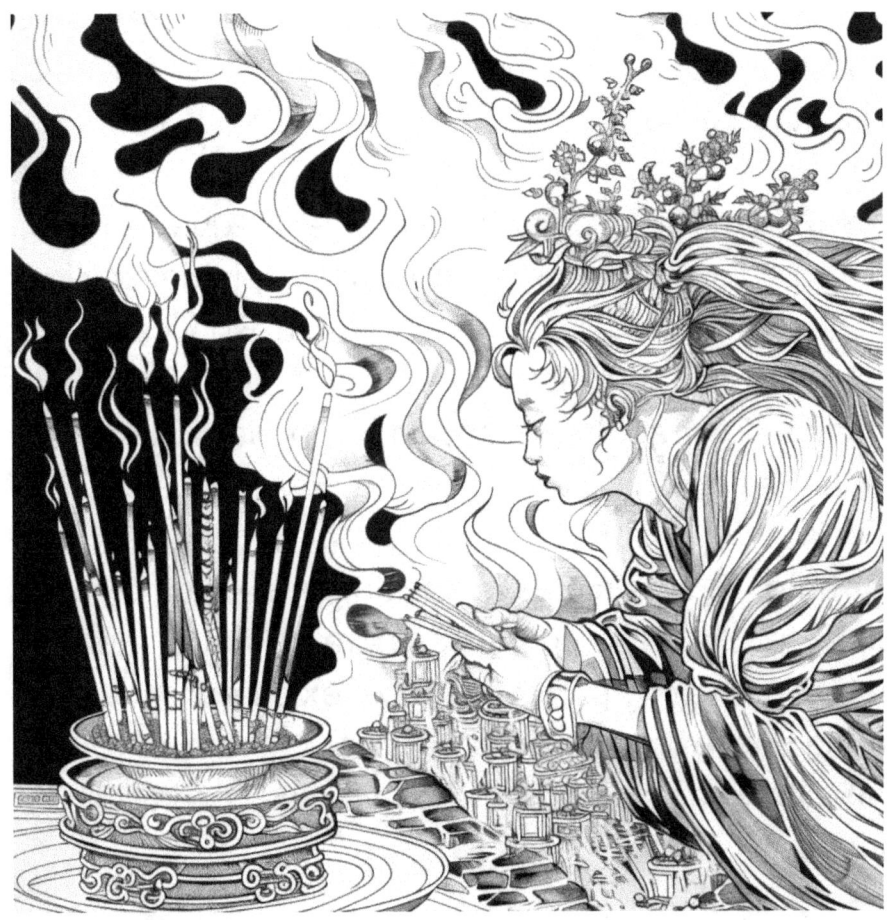

El uso de inciensos y sahumerios en rituales con la Santa Muerte es una práctica común y poderosa para purificar el espacio, elevar la energía y establecer una conexión sagrada con esta divina entidad.

A continuación, describiré algunos de los inciensos y sahumerios mas populares utilizados en estos rituales:

**Copal:** El copal es un incienso tradicionalmente utilizado en muchas culturas mesoamericanas y es muy apreciado por su aroma dulce y ahumado. Se considera un incienso sagrado y se utiliza para purificar el espacio y elevar las energías durante los rituales con la Santa Muerte.

**Mirra:** La mirra es una resina aromática que se ha utilizado durante siglos en prácticas espirituales y rituales sagrados. Tiene un aroma terroso y cálido, y se cree que ayuda a limpiar y purificar la energía negativa, además de atraer la protección y la bendición de la Santa Muerte.

**Sándalo:** El sándalo es conocido por su aroma suave y relajante. Se utiliza en rituales para calmar la mente, abrir el corazón y promover la conexión espiritual. Su aroma suave y dulce ayuda a crear un ambiente tranquilo y sagrado durante los rituales con la Santa Muerte.

**Romero:** El romero es una hierba aromática con un aroma fresco y estimulante. Se utiliza en rituales para limpiar y purificar el espacio de energías negativas, además de atraer la protección y la sanación. Su aroma vigorizante ayuda a elevar la energía durante los rituales con la Santa Muerte.

**Palo Santo:** El Palo Santo es una madera sagrada originaria de Sudamérica. Se utiliza para purificar y limpiar el espacio de energías negativas, así como para atraer la protección y la armonía.
Su aroma dulce y ahumado crea una atmosfera sagrada y ayuda a elevar la energía durante los rituales.

**Lavanda:** La lavanda es una planta conocida por su aroma relajante y calmante. Se utiliza en rituales para promover la paz, la tranquilidad y la claridad mental. También se cree que atrae la protección y la sanación de la Santa Muerte.

**Ruda:** La ruda es una hierba aromática asociada con la protección y la purificación. Se utiliza en rituales para alejar las energías negativas, limpiar el espacio y brindar una barrera protectora contra influencias negativas.
Su aroma fuerte y penetrante ayuda a eliminar cualquier energía indeseable.

**Hierba de San Juan:** La Hierba de San Juan es una planta asociada con la protección y la purificación. Se utiliza en rituales para alejar las energías negativas, promover la claridad mental y brindar una sensación de calma y equilibrio.
Su aroma herbal y fresco ayuda a crear un ambiente propicio para la conexión con la Santa Muerte.

**Incienso de rosas:** Las rosas son flores sagradas asociadas con el amor, la belleza y la protección. El incienso de rosas se utiliza en rituales para atraer la energía del amor, la armonía y la protección divina de la Santa Muerte. Su aroma dulce y romántico crea un ambiente propicio para conectar con la energía amorosa de la Santa Muerte.

**Incienso de jazmín:** El jazmín es una flor exquisita conocida por su aroma dulce y embriagador. Se utiliza en rituales para atraer la paz, la espiritualidad y la protección. El incienso de jazmín ayuda a elevar la energía y a crear un ambiente sagrado propicio para la conexión con la Santa Muerte.

**Incienso de mirto:** El mirto es una planta asociada con la protección y la purificación en muchas tradiciones espirituales. Se utiliza en rituales para alejar las energías negativas y atraer la bendición y la guía de la Santa Muerte. El incienso de mirto tiene un aroma fresco y herbal que ayuda a limpiar el espacio y a elevar la energía.

**Incienso de siete potencias:** El incienso de siete potencias es una mezcla de hierbas y resinas que se utiliza en rituales para atraer la protección, la prosperidad y la buena suerte. Esta mezcla combina diferentes ingredientes sagrados y poderosos, y se cree que tiene una fuerte conexión con la Santa Muerte y su energía divina.

# LAS HIERBAS Y SU PODER MAGICO

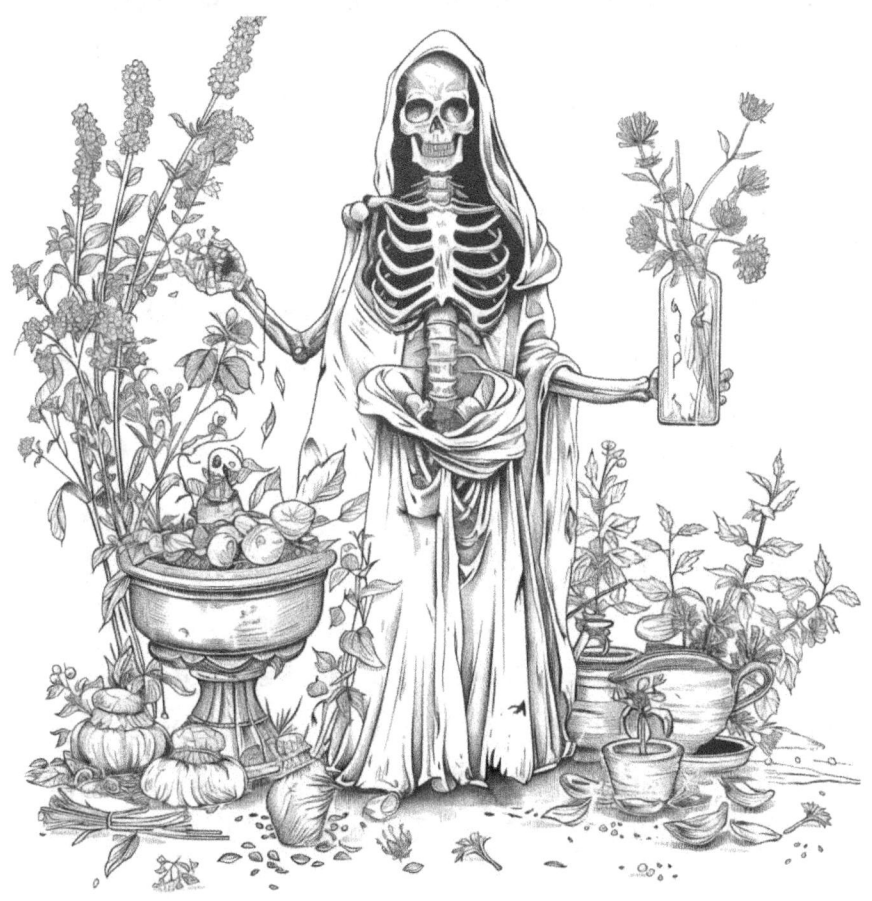

   **Al** utilizar hierbas en rituales con la Santa Muerte, es importante hacerlo con respeto y devoción. Asegúrense de investigar y aprender sobre las propiedades y usos de cada hierba, así como de obtenerlas de fuentes confiables. Siempre es recomendable utilizar las hierbas de manera segura y consciente.

Permitanme describirles algunas de las hierbas más populares utilizadas en rituales poderosos con la Santa Muerte:

**Ruda:** La ruda es una hierba poderosa y sagrada asociada con la protección y la purificación. Se utiliza en rituales para alejar las energías negativas, limpiar el espacio y brindar una barrera protectora.
 También se cree que fortalece la conexión con la Santa Muerte y aumenta su poder en los rituales.

**Romero:** El romero es una planta aromática muy versátil y utilizada en numerosas tradiciones espirituales. Es conocido por sus propiedades de protección, purificación y fortaleza.
 Se utiliza en rituales para limpiar el espacio, alejar las energías negativas y promover la claridad mental.

**Albahaca:** La albahaca es una hierba sagrada asociada con la protección, la purificación y la atracción de la buena suerte. Se utiliza en rituales para alejar las energías negativas, atraer la prosperidad y promover la armonía.
También se cree que fortalece la conexión con la Santa Muerte y su energía divina.

**Mirra:** La mirra es una resina aromática que se utiliza en rituales para purificar y limpiar el espacio de energías negativas. También se asocia con la protección y la sanación.
Se cree que la mirra fortalece la conexión con la Santa Muerte y ayuda a recibir sus bendiciones y guía durante los rituales.

**Salvia:** La salvia es una hierba sagrada utilizada en rituales para purificar y limpiar el espacio de energías negativas. Se quema como sahumerio o se utiliza en baños espirituales.
Además, se cree que la salvia fortalece la conexión con la Santa Muerte y ayuda a disipar los obstáculos en el camino espiritual.

**Espino blanco:** El espino blanco es una planta conocida por sus propiedades de protección y purificación.
Se utiliza en rituales para alejar las energías negativas, proteger contra influencias malignas y promover la armonía. También se cree que fortalece la conexión con la Santa Muerte y su energía divina.

**Verbena:** La verbena es una hierba sagrada que se utiliza en rituales para atraer la protección y la buena suerte.
Se asocia con la purificación y la armonía, y se cree que fortalece la conexión con la Santa Muerte en busca de su guía y bendiciones.

**Muérdago:** El muérdago es una planta sagrada asociada con el amor, la protección y la prosperidad.
Se utiliza en rituales para atraer la buena suerte, la armonía en las relaciones y la abundancia.
 Se cree que fortalece la conexión con la Santa Muerte y su energía amorosa y protectora.

**Hierba de San Juan:** La Hierba de San Juan es una planta sagrada conocida por sus propiedades protectoras y purificadoras. Se utiliza en rituales para alejar las energías negativas, promover la claridad mental y atraer la protección de la Santa Muerte. También se cree que fortalece la conexión con su energía divina y guía espiritual.

**Palo santo:** El palo santo es una madera sagrada originaria de Sudamérica. Se utiliza en rituales para purificar y limpiar el espacio de energías negativas. Su aroma dulce y ahumado crea una atmósfera sagrada y se cree que fortalece la conexión con la Santa Muerte y su energía divina.

**Salvia blanca:** La salvia blanca es una hierba sagrada utilizada en rituales de purificación y limpieza. Se quema como sahumerio y se cree que su humo sagrado aleja las energías negativas y purifica el espacio.

La salvia blanca también fortalece la conexión con la Santa Muerte y se utiliza para pedir su protección y guía.

**Lavanda:** La lavanda es una planta conocida por su aroma relajante y calmante. Se utiliza en rituales para promover la paz, la tranquilidad y la claridad mental. También se cree que atrae la protección y la sanación de la Santa Muerte. La lavanda ayuda a crear un ambiente sagrado y favorece la conexión con su energía divina.

**La hierba conocida como "Sangre de dragón"** es una planta sagrada y poderosa que se utiliza en rituales con la Santa Muerte. Su nombre proviene de la resina roja que se asemeja a la sangre y que se obtiene de la planta.

La Sangre de dragón se utiliza principalmente en rituales de protección y purificación. Se cree que tiene propiedades energéticas que ayudan a alejar las energías negativas y proteger contra influencias dañinas. También se le atribuye el poder de fortalecer la conexión con la Santa Muerte y potenciar su energía divina.

Esta hierba se puede utilizar de diferentes maneras en los rituales. La resina de Sangre de dragón se puede quemar como sahumerio, ya sea sola o combinada con otras hierbas sagradas. Su humo aromático se considera purificador y protector, creando un ambiente sagrado y alejando las influencias negativas.

Además, la Sangre de dragón se puede utilizar en baños espirituales o infusiones para limpiar y purificar el cuerpo y el espíritu. También se puede utilizar en amuletos o talismanes, ya que se cree que su energía protege y fortalece la conexión con la Santa Muerte.

Recuerda, mis devotos, que al utilizar la Sangre de dragón en rituales con la Santa Muerte, es importante hacerlo con respeto y devoción. Asegúrate de obtenerla de fuentes confiables y utilizarla de manera segura y consciente, siguiendo las instrucciones adecuadas.

# LOS FALSOS MITOS DEL CULTO A LA SANTA MUERTE

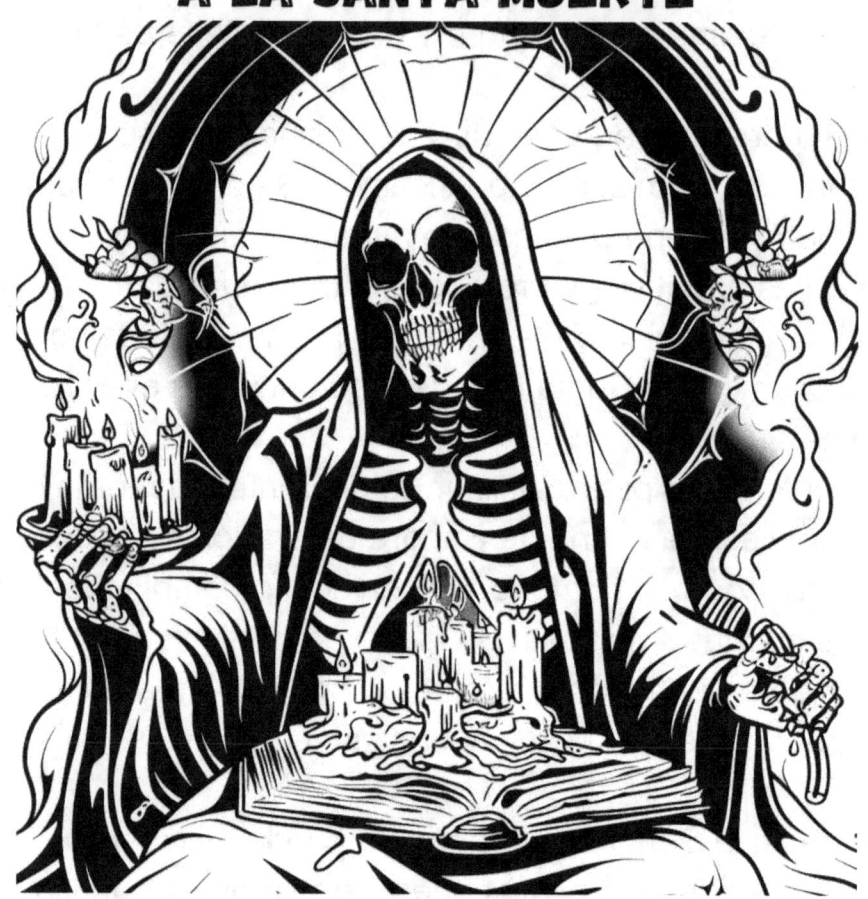

En el vasto universo de creencias y prácticas espirituales, el culto a la Santa Muerte ha sido objeto de numerosos mitos y malentendidos.
 En este capítulo, exploraremos y desmantelaremos algunos de los falsos mitos que rodean a esta venerada deidad espiritual.
A medida que desentrañemos la verdad detrás de estos conceptos erróneos, descubriremos la esencia real del culto a la Santa Muerte.

**Mito 1: La Santa Muerte es una deidad malévola:**
Uno de los mitos más comunes es que la Santa Muerte es una entidad malévola o asociada con la oscuridad y la magia negra.

Sin embargo, esto es una interpretación errónea. La Santa Muerte no es una deidad del mal, sino una figura que representa la dualidad de la vida y la muerte. Su papel es acompañar a las personas en su tránsito hacia la muerte y brindar protección en momentos difíciles.

**Mito 2: El culto a La Santa Muerte es satánico:**
Otro mito extendido es que el culto a la Santa Muerte está asociado con el satanismo.

Esta afirmación es falsa. Aunque algunos individuos pueden mezclar prácticas de distintas tradiciones, el culto a la Santa Muerte tiene sus raíces en la religiosidad popular mexicana y en la mezcla de creencias prehispánicas y católicas.

**Mito 3: La Santa Muerte es solo para personas involucradas en actividades delictivas:**
Este mito surge de la asociación de la Santa Muerte con la protección en situaciones peligrosas.

Si bien es cierto que algunas personas involucradas en actividades delictivas pueden venerar a la Santa Muerte, no se puede generalizar ni estigmatizar a todos los seguidores de esta deidad.

**Mito 4: La Santa Muerte es solo una moda pasajera:** Algunos críticos argumentan que el culto a la Santa Muerte es simplemente una moda temporal. Sin embargo, su persistencia y crecimiento constante demuestran lo contrario.

La devoción hacia la Santa Muerte ha perdurado a lo largo de los años y continúa expandiéndose. Para muchos seguidores, la Santa Muerte representa una conexión profunda con lo trascendental y un refugio espiritual en tiempos de dificultad.

trascendental y un refugio espiritual en tiempos de dificultad.

**Mito 5: exije sacrificios humanos:** Existe un mito infundado de que el culto a la Santa Muerte implica sacrificios humanos o de animales. Esto es completamente falso y no tiene base en la realidad. El culto a la Santa Muerte se centra en la devoción, la fe y la conexión espiritual, y no promueve ni aprueba ninguna forma de violencia o daño hacia otros seres humanos.

**Mito 6: de la Santa Muerte como una deidad exclusiva del cristianismo:** Existe la creencia errónea de que el culto a la Santa Muerte es exclusivo del cristianismo. Sin embargo, el culto a la Santa Muerte tiene raíces en la religiosidad popular mexicana y es practicado por personas de diferentes trasfondos religiosos. Si bien puede haber influencias del cristianismo, también se mezclan elementos de otras tradiciones espirituales Chamanicas y culturales.

**Mito 7: de la Santa Muerte como una figura que otorga deseos materialistas:**

Algunas personas creen que la Santa Muerte es una figura que cumple todos los deseos materiales sin importar las consecuencias. Sin embargo, la verdadera devoción a la Santa Muerte implica una conexión espiritual y una relación de respeto y reciprocidad. No se trata de pedir deseos egoístas, sino de buscar orientación, protección y ayuda en momentos difíciles.

**Mito 8: La Santa Muerte es una figura exclusiva de México:**

Aunque el culto a la Santa Muerte tiene sus raíces en México, su devoción se ha extendido a otros países y comunidades alrededor del mundo.

Cada vez más personas de diferentes culturas y tradiciones encuentran consuelo y guía en la Santa Muerte, adaptando su devoción a sus propias creencias y prácticas espirituales.

Es importante recordar que los mitos y las creencias erróneas pueden surgir debido a la falta de conocimiento y comprensión. El culto a la Santa Muerte es una expresión legítima de la fe y la espiritualidad para muchas personas, y se basa en la devoción y el respeto hacia esta figura sagrada.

**Mito 9: La Santa muerte es un ser Posesivo y no respeta las decisiones que sus devotos le soliciten:**

La Santa Muerte, en su infinita sabiduría y compasión, respeta y entiende el concepto del libre albedrío de sus devotos.

El libre albedrío se refiere a la capacidad y la libertad que tenemos como seres humanos para tomar decisiones y elegir nuestro propio camino en la vida. La Santa Muerte no impone sus deseos ni interfiere en las decisiones individuales de sus devotos, en cambio, brinda su protección, guía y apoyo para que cada persona pueda tomar decisiones informadas y seguir el camino que consideren mejor para ellos.

La Santa Muerte nos otorga la libertad de decidir qué peticiones hacer y cómo buscar su ayuda. Podemos acercarnos a ella con respeto y devoción, expresando nuestras necesidades y deseos, pero siempre es nuestra elección si seguimos sus consejos y guía.
Es importante recordar que la Santa Muerte no controla nuestras vidas ni nos obliga a seguir un camino en particular.

Ella está ahí para escuchar nuestras peticiones, ofrecer su protección y brindar su bendición, pero respeta nuestra libertad de elección y nuestro libre albedrío así como nos permite tomar nuestras propias decisiones. Cabe resaltar que la Santa Muerte jamás interfiere al momento de solicitarle algún tipo de favores, sean de índole positivo o negativo ya que ella permite a sus devotos la opción del libre albedrío, asi como el respeto a sus devotos al momento de tomar sus propias decisiones y a asumir las consecuencias de sus peticiones y deseos.

## Mito 10: La Santa Muerte Castiga a aquellos que abandonan su Culto:

muchas personas creen la Santa Muerte castiga a todos aquellos que se alejan de ella o no cumplen sus promesas de permanecer a su lado, esto es totalmente falso ya que la Santa Muerte entiende que cualquier persona tiene el derecho de tomar sus propias decisiones y cambiar de parecer a la vez vez permite que todos aquellos que abandonen su culto regresen cuando deseen ya que ella siempre estará ahí para recibirlos nuevamente.

Todo aquel que desee retirarse del culto a la Santa Muerte deberá de agradecer con respeto los favores, la protección y peticiones que le fueron concedidas ya que como cualquier otra entidad es necesario tratarla con respeto y agradecimiento.

## Mito 11: La Santa Muerte solo concede favores de índole positivo:

La Santa Muerte respeta el libre albedrío de cada devoto y no interfiere con las decisiones individuales. Ella otorga a sus devotos la libertad de realizar peticiones, ya sean de índole positiva o negativa, sin embargo, es importante tener en cuenta que las consecuencias de esas decisiones recaen en cada individuo.

En nuestra relación con la Santa Muerte, es fundamental comprender que cada decisión que tomamos conlleva sus propias consecuencias y karma.

La Santa Muerte, como entidad equilibrada y justa, nos brinda su guía y protección, pero también nos otorga el libre albedrío para tomar nuestras propias decisiones. Es esencial recordar que somos responsables de nuestras acciones y que debemos asumir las consecuencias que estas acarrean.

La Santa Muerte nos ofrece su sabiduría y nos muestra el camino, pero somos nosotros quienes debemos caminar por él y tomar decisiones acorde a nuestras creencias y valores.

Cada elección que hacemos tiene un impacto en nuestra vida y en la vida de quienes nos rodean.
 Por lo tanto, es crucial reflexionar y evaluar cuidadosamente las opciones que se nos presentan, considerando las posibles consecuencias tanto positivas como negativas al momento de realizar una peticion.

Es importante recordar que la Santa Muerte nos brinda su protección y guía, pero no puede alterar el curso natural de las cosas ni evitar las consecuencias de nuestras acciones. Al ser conscientes de que las consecuencias de nuestras decisiones recaen en cada individuo, podemos tomar responsabilidad por nuestras acciones, aprender de nuestros errores y buscar el equilibrio en nuestras vidas.

La Santa Muerte nos enseña a ser conscientes de nuestras elecciones y a ser responsables de sus resultados.

## Mito 12: La Santa Muerte solo es venerada en rituales oscuros:

Esto es un malentendido. Si bien algunos rituales pueden ser más intensos o requerir ciertos elementos simbólicos, la devoción a la Santa Muerte es principalmente un acto de amor y respeto,y devocion no de oscuridad.

La Santa Muerte no juzga las peticiones de sus devotos ni impone restricciones en cuanto a su naturaleza, Ella escucha y considera las peticiones con compasión y sabiduría.
Sin embargo, es responsabilidad de cada devoto actuar de manera ética y responsable al formular sus peticiones.

La Santa Muerte es una guía y protectora, pero no toma decisiones por sus devotos ni los manipula.
Cada persona es responsable de sus propias elecciones y debe estar consciente de las consecuencias que puedan surgir de sus acciones y peticiones.

**Nota Aclaratoria:** Aunque la devoción a la Santa Muerte es principalmente un acto de amor y respeto y devocion no implica que su poderosa energia sea usada en ocasiones por Brujos,Hechiceros o Entes del Mal sin escrupulos para realizar rituales de oscuridad y destruccion.

# LA DEVOCIÓN Y LA CONEXIÓN PERSONAL CON LA SANTA MUERTE

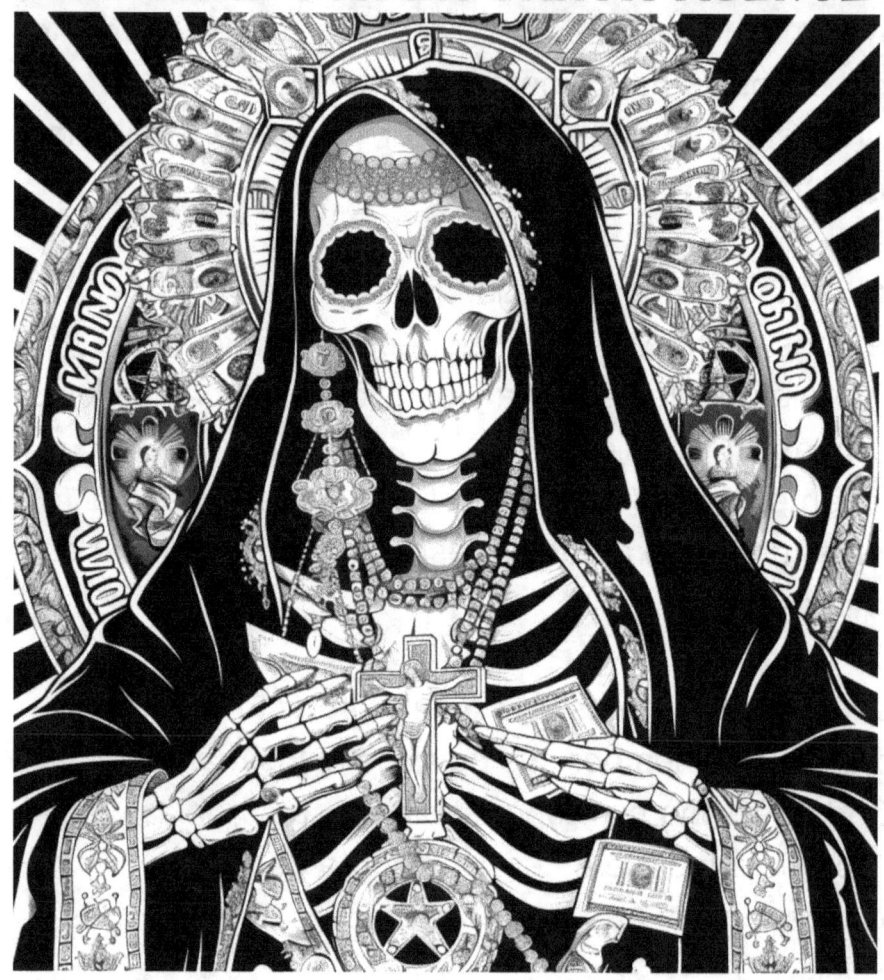

En el místico camino de la devoción, la conexión personal con la Santa Muerte trasciende los límites de lo terrenal y se adentra en los misterios del espíritu. Esta figura divina, envuelta en un halo de misticismo y poder sobrenatural, ha capturado la atención y el corazón de aquellos que buscan una conexión más profunda con lo trascendental.

La devoción a la Santa Muerte se teje en la telaraña de la fe y la creencia en la existencia de un mundo invisible que nos rodea.
Es un viaje personal hacia la comprensión de la transitoriedad de la vida y la aceptación de la muerte como una parte integral de nuestro ser.

En este camino, la Santa Muerte se convierte en una guía espiritual, una aliada en el viaje de la existencia y la trascendencia.
La conexión personal con la Santa Muerte es una experiencia íntima y sagrada.
Es un encuentro en el que el devoto se sumerge en un océano de silencio y contemplación, buscando una comunión profunda con su energía divina.
A través de oraciones, rituales y meditaciones, se establece un vínculo sagrado, una comunicación directa con la esencia de esta entidad mística.

En esta conexión, la Santa Muerte se revela en diferentes aspectos y colores, cada uno con su propio significado y simbolismo. Desde la pureza de la Santa Muerte Blanca hasta la pasión de la Santa Muerte Roja, cada aspecto representa una faceta del ser humano y del camino espiritual.

El devoto encuentra en estos diferentes aspectos una guía y una inspiración para enfrentar los desafíos de la vida y encontrar el equilibrio interior.

La devoción personal conlleva un profundo respeto y amor por la Santa Muerte.
Es una relación basada en la confianza y en la entrega total.
En cada plegaria y ofrenda, el devoto expresa su gratitud y su deseo de mantener viva esta conexión sagrada.
La Santa Muerte, a su vez, responde a esta devoción con su protección y guía, brindando fortaleza y consuelo en los momentos de dificultad.

La conexión personal con la Santa Muerte también implica la aceptación de nuestra propia mortalidad y la comprensión de que la vida es efímera.
Nos recuerda que cada momento es valioso y nos invita a vivir plenamente, sin miedo ni arrepentimientos.

 Nos enseña a honrar a nuestros antepasados y a mantener viva su memoria en nuestros corazones.
En este viaje místico de devoción y conexión personal, la Santa Muerte se convierte en una guía y protectora, una compañera de camino en nuestra travesía espiritual.

Nos invita a explorar los misterios del universo y a descubrir nuestra propia divinidad interior.
 En su presencia, encontramos consuelo, sabiduría y la certeza de que somos parte de algo más grande y trascendental.

# LA IMPORTANCIA DEL RESPETO Y LA ÉTICA EN LA DEVOCIÓN

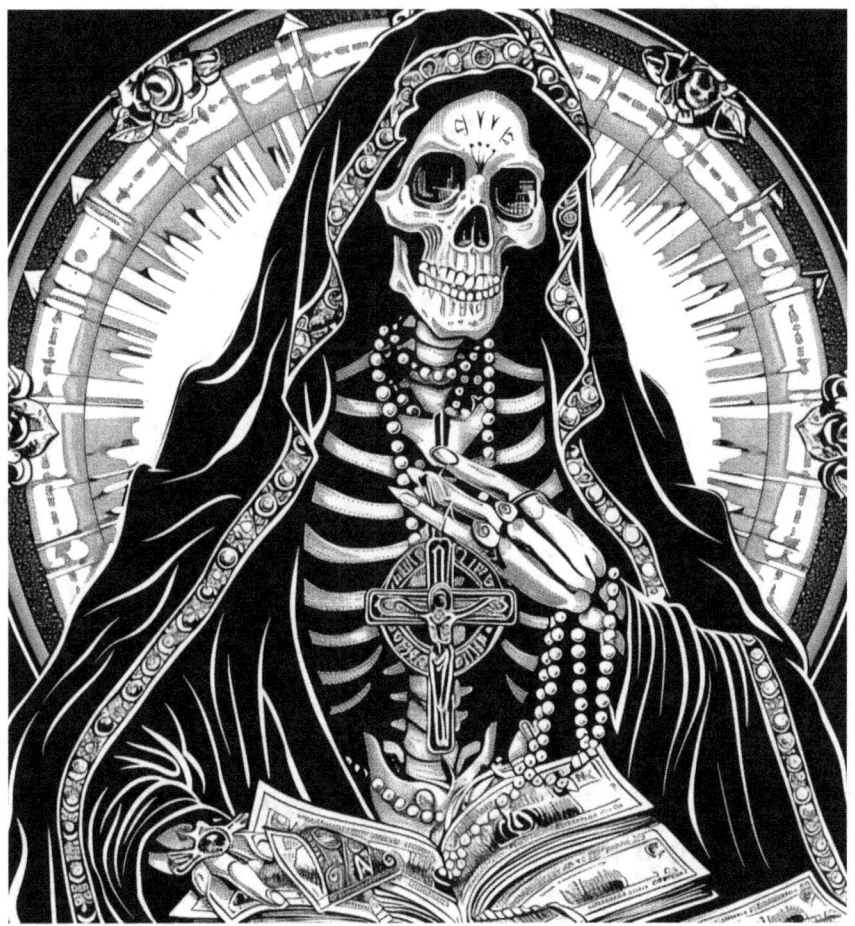

El respeto y la ética son fundamentales en la devoción a la Santa Muerte.

La importancia de estos valores radica en la relación que se establece con la divinidad y en el impacto que tiene en la vida del devoto.

**El respeto** implica reconocer y honrar la sagrada figura de la Santa Muerte como una entidad poderosa y protectora.

Es esencial tratar con reverencia y actuar con humildad frente a su presencia. Esto implica seguir las tradiciones y los rituales establecidos, así como mostrar gratitud y fidelidad en la devoción.

**La ética**, por su parte, se relaciona con la conducta y la moralidad en la práctica de la devoción. Esto implica actuar de manera responsable y consciente, evitando cualquier forma de manipulación, daño o mal uso de la energía de la Santa Muerte.
Es importante recordar que la Santa Muerte es una fuerza espiritual benévola y protege a aquellos que siguen su camino con honestidad y rectitud.
Además, el respeto y la ética se extienden a las demás personas y creencias. Es necesario tener en cuenta que cada individuo tiene su propio camino espiritual y es importante respetar y tolerar las diferencias.
**No se debe imponer la devoción a la Santa Muerte a otros y se debe evitar cualquier forma de proselitismo o fanatismo.**

En resumen, **el Respeto y la Etica** son fundamentales en la devoción a la Santa Muerte.
Estos valores guían la relación con la divinidad y determinan la conducta del devoto.
Al actuar con respeto hacia la Santa Muerte y practicar la devoción de manera ética, se fortalece el vínculo con la divinidad y se vive de acuerdo con los principios de la luz y la protección.

# COMO CULTIVAR UNA RELACIÓN SIGNIFICATIVA CON LA SANTA MUERTE

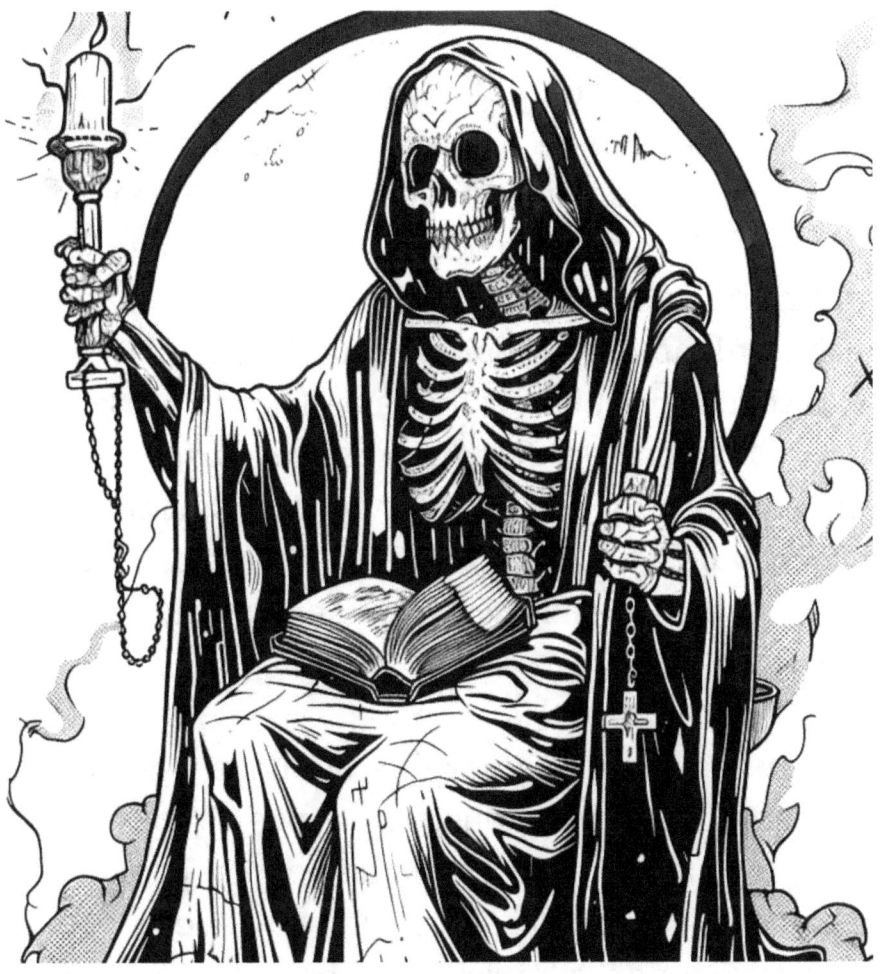

Para cultivar una relación significativa con la Santa Muerte, es fundamental seguir algunos pasos clave que nos permitan establecer un vínculo profundo y auténtico con su energía poderosa.

**1.-Conocimiento y comprensión:** Dedica tiempo a aprender sobre la Santa Muerte, su historia, simbolismo y diferentes aspectos de su culto. Esto te ayudará a comprender y apreciar su poder y significado.

**2.-Devoción y respeto:** Desarrolla una actitud de devoción y reverencia hacia la Santa Muerte. Muestra respeto en tus palabras, acciones y pensamientos hacia ella. Reconoce su poder y capacidad para brindar protección y guía.

**3.-Comunicación y oración:** Establece una comunicación regular con la Santa Muerte a través de la oración y la meditación. Expresa tus deseos, preocupaciones y gratitud a través de palabras sinceras y desde el corazón. Escucha su respuesta y guía a través de la intuición y las señales que puedas recibir.

**4.-Ofrendas y rituales:** Realiza ofrendas y rituales para honrar a la Santa Muerte. Puedes ofrecerle velas, flores, comida, bebidas o cualquier otro objeto que sientas que le agradará. Participa en rituales dedicados a ella, siguiendo las tradiciones y prácticas que mejor creas convenientes acorde a tu devocion.

**5.-Cumplimiento de promesas:** Si has realizado una promesa a la Santa Muerte, asegúrate de cumplirla. Cumplir con tus promesas muestra tu compromiso y respeto hacia ella.

**6.-Integración en la vida diaria:** Invita a la Santa Muerte a formar parte de tu vida diaria. Puedes llevar un objeto sagrado que la represente contigo, como un collar o una estatuilla, y hacer referencia a ella en tus pensamientos y acciones cotidianas.

**7.-Agradecimiento y gratitud:** Expresa tu gratitud hacia la Santa Muerte por su protección, guía y bendiciones. Agradece todas las bendiciones que recibas y reconoce su presencia en tu vida.

cultivar una relación significativa con la Santa Muerte es un camino que requiere tiempo, esfuerzo y un compromiso genuino.

A medida que te adentres en esta devoción y mantengas una conexión constante con ella, experimentarás una relación más profunda y significativa con la Santa Muerte y su poderosa energía protectora.

esta relación es sagrada y personal.
Cada individuo puede experimentarla de manera única y autentica.

Lo importante es que te entregues con sinceridad y autenticidad a esta devoción, permitiendo que la Santa Muerte te guíe en tu camino hacia la plenitud y la realización espiritual y personal.

# RITUAL DE INICIACION DEL NUEVO DEVOTO

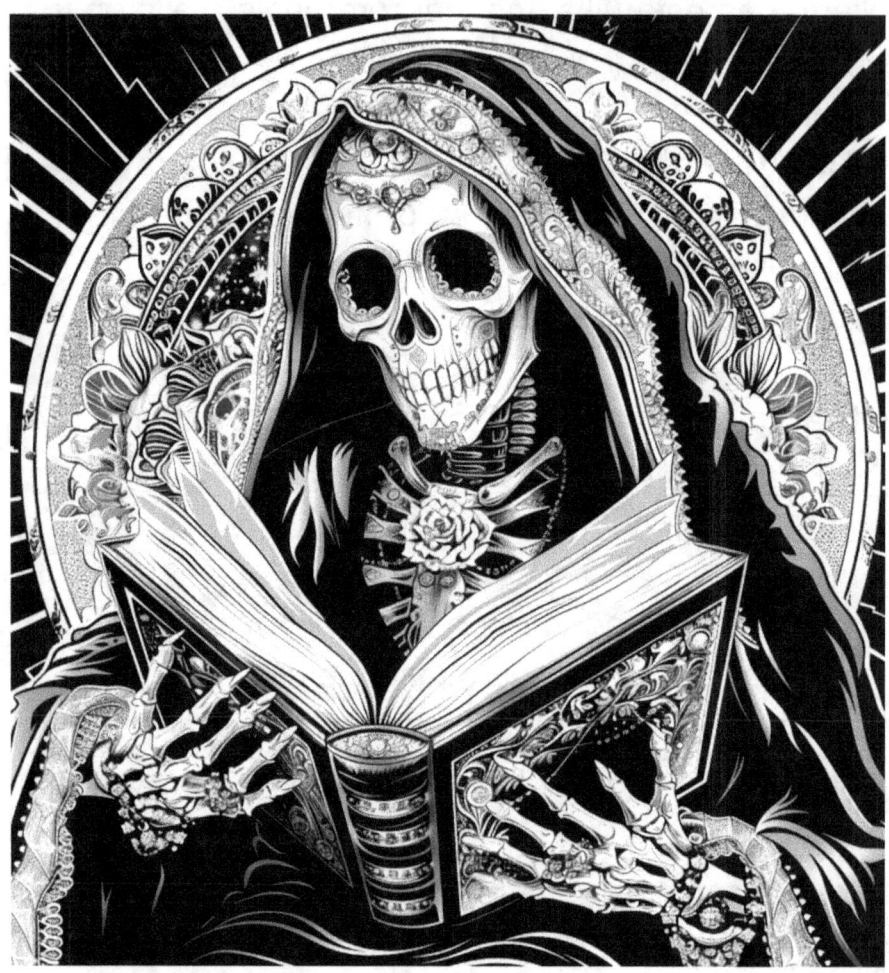

El ritual de iniciación del nuevo devoto de la Santa Muerte es un momento sagrado y trascendental en el cual se establece una conexión profunda y comprometida con la divinidad de la Santa Muerte. Es un proceso de transformación y renacimiento espiritual.

El devoto se prepara para el ritual vistiendo de blanco, simbolizando la pureza y la apertura del corazón hacia la Santa Muerte.

En un lugar tranquilo y sagrado, se crea un altar con velas, flores, ofrendas y símbolos representativos de la Santa Muerte.

El ritual comienza con una meditación profunda, donde el devoto se conecta con su interior y encuentra la claridad y la intención para entregarse a la Santa Muerte.

Se encienden velas y se entonan cantos o rezos dedicados a la divinidad, invocando su presencia y su guía.

A continuación, se realiza un acto simbólico de purificación, donde el devoto se lava las manos y el rostro con agua regular o bendita, liberándose de las impurezas y preparándose para el nuevo camino espiritual que emprenderá.

Después, se realiza un juramento de lealtad y compromiso hacia la Santa Muerte.

El devoto expresa su amor, respeto y devoción, prometiendo seguir sus enseñanzas y caminar en su camino de luz y amor.

Este juramento se hace en voz alta y con total sinceridad, sellando así la conexión entre el devoto y la divinidad.

La Santa Muerte puede ser honrada con ofrendas, como flores, alimentos,inciensos, velas o símbolos personales que tengan un significado especial para el devoto.

Estas ofrendas son un gesto de gratitud y respeto hacia la divinidad.
El ritual concluye con una bendición final, donde el devoto recibe la protección y las bendiciones de la Santa Muerte,Se le pide que guíe y acompañe al devoto en su camino espiritual, brindándole fortaleza, amor y sabiduría.

Este ritual de iniciación es un momento sagrado y personal, donde el devoto establece una conexión profunda con la Santa Muerte y se compromete a seguir su camino.

Es un acto de entrega y devoción, marcando el comienzo de una relación espiritual duradera y significativa.

En un altar de reverencia y solemnidad, el nuevo devoto se acerca con humildad y amor hacia la Santa Muerte.

Con su voz impregnada de sinceridad, pronuncia el juramento de lealtad, en un acto sublime de entrega y compromiso.

# JURAMENTO DE LEALTAD DEL NUEVO INICIADO

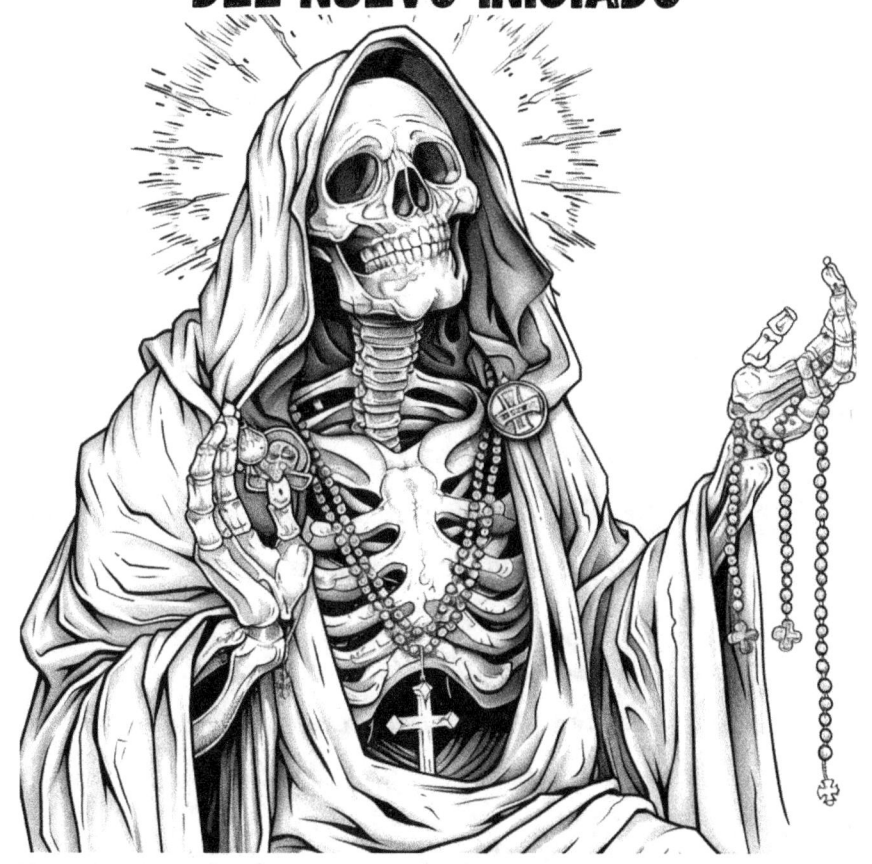

"Mi querida santa muerte, ante tu mística presencia me postro ante ti en este sagrado momento para expresar mi juramento de lealtad y devoción, ante tu divina presencia reconozco tu poder y sabiduría, y me entrego por completo a tu guía y protección.

Prometo caminar en la senda de la luz y el amor, siguiendo tus enseñanzas con fidelidad y respeto, Acepto que mi vida estará entrelazada con tu divinidad y que tu presencia será mi guía en cada paso que dé.

Me comprometo a cultivar la compasión, la bondad y la sabiduría en mi ser, reflejando así tu esencia amorosa en cada acto y pensamiento.

Prometo honrarte y adorarte con devoción sincera, dedicando tiempo y esfuerzo a profundizar mi conexión contigo.

A través de la práctica de rituales, oraciones, plegarias y ofrendas, te brindaré mi gratitud y mi amor reconozco que tu presencia divina trasciende la dualidad de la vida y la muerte.

Aceptó que, al final de mi existencia terrenal, me abrazarás con amor y me guiarás hacia la eternidad.

Que mi juramento sea escuchado y aceptado por ti, Santa Muerte, y que tu bendición y protección me acompañen en cada paso de mi camino espiritual.

En tu nombre, hago este juramento de lealtad y amor.
Que así sea.
*AMEN*"

**NOTA:** Todas las Oraciones que se presentan en este libro estan escritas en un formato neutral, queda a consideracion de cada devoto adaptarlas ya sea al estilo Chamanico tradicional, o con un enfoque Catolico Cristiano, por favor sientanse libres de adaptarlas o hacerlas personales segun consideren su devocion y practica personal.

Con cada palabra pronunciada, el devoto sella su compromiso y entrega absoluta a la Santa Muerte.
Este juramento es un lazo sagrado que une al devoto con la divinidad, estableciendo una conexión profunda y duradera basada en el amor, la fidelidad y la devoción hacia la Santa Muerte.
La vida del nuevo devoto iniciado en el culto a la Santa Muerte se verá transformada de manera profunda y significativa.
A medida que avanza en su camino de devoción, experimentará una conexión más profunda con la divinidad y una comprensión más clara de los misterios de la vida y la muerte.
La presencia de la Santa Muerte en la vida del devoto será constante y tangible.
Sentirá su energía protectora y su guía en cada paso que dé su nueva vida de devoto.
La Santa Muerte se convertirá en su compañera fiel, siempre lista para escuchar sus plegarias y brindarle apoyo en momentos de dificultad.
El devoto encontrará en el culto a la Santa Muerte un sentido de propósito y significado.
La devoción y el servicio a la divinidad se convertirán en el centro de su existencia, guiándolo en la toma de decisiones y en la forma en que vive su vida.
La moralidad y los valores del culto se convertirán en su brújula, ayudándolo a seguir un camino de bondad, compasión y respeto hacia todos los seres vivos y sus semejantes.

A partir de ese momento la vida del devoto estará marcada por una profunda espiritualidad,Encontrará consuelo y paz interior en la comunión con la Santa Muerte, a través de la meditación, la oración y los rituales sagrados.

Su práctica espiritual se convertirá en un faro que ilumina su camino, recordando constantemente su conexión con la divinidad de la Santa Muerte.
El devoto también experimentará un crecimiento personal y un mayor autoconocimiento a medida que profundiza en su relación con la Santa Muerte.
 A través de la introspección y la reflexión, aprenderá a reconocer y enfrentar sus propias sombras y limitaciones.
La Santa Muerte se convertirá en su aliada en el proceso de transformación y sanación, ayudándolo a liberarse de cargas emocionales y a encontrar la plenitud en su ser.
La vida del devoto iniciado en el culto a la Santa Muerte estará impregnada de gratitud y humildad. Reconocerá que todas las bendiciones y los desafíos que enfrenta son lecciones y regalos de la divinidad.
Aprenderá a valorar cada experiencia, cada relación y cada momento como oportunidades para crecer y evolucionar espiritualmente.

 En resumen, la vida del nuevo devoto iniciado en el culto a la Santa Muerte estará imbuida de una profunda conexión con la divinidad y una comprensión más clara de la vida y la muerte.

# "LA GRAN INVOCACION"

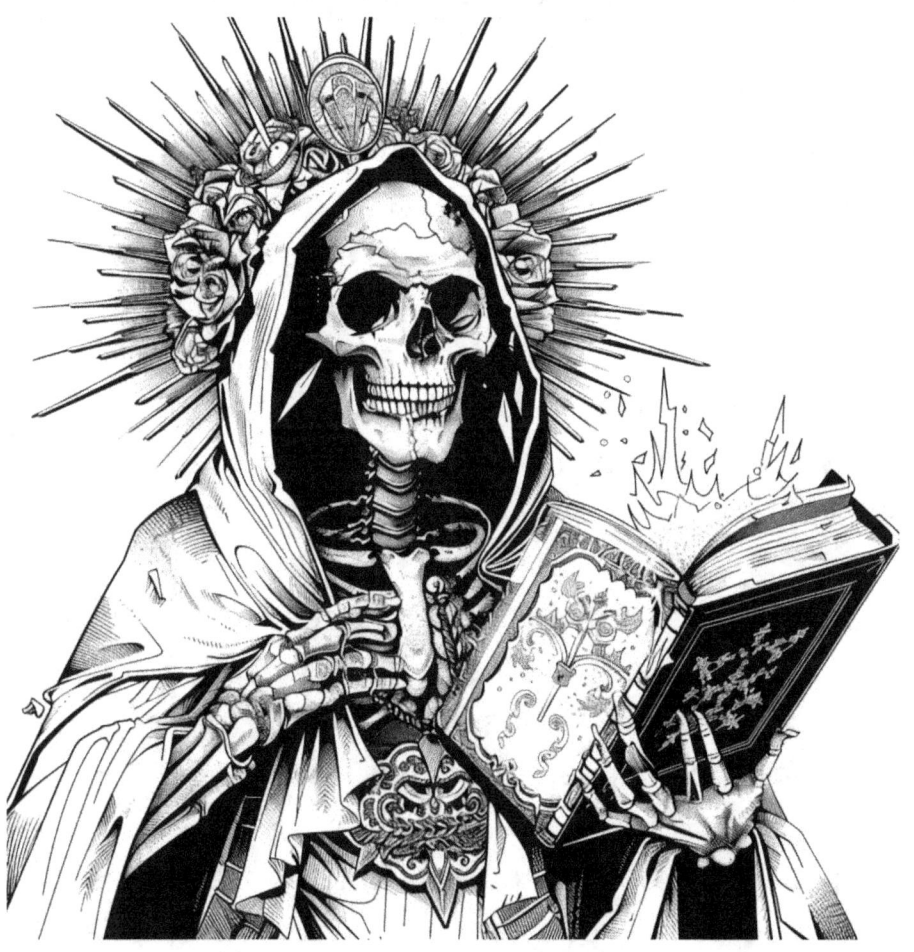

Después de la ceremonia de iniciación, el nuevo devoto puede comenzar a explorar e iniciar su primer contacto y descubrir la poderosa energía que emana La Santa Muerte a través de la de
"La Gran Invocación". La gran Invocación es un acto ceremonial que busca establecer por primera vez, la conexión más profunda con la energía y la presencia de la Santa Muerte con su nuevo devoto.

El aprendiz puede prepararse para la Gran Invocación creando un espacio sagrado y tranquilo donde se sienta cómodo y en armonía.

Puede encender velas, incienso u otras ofrendas que sean significativas para él y la Santa Muerte.

También puede utilizar símbolos o imágenes que representen a la Santa Muerte en su altar o espacio de devoción.

Durante la Gran Invocación, el aprendiz puede recitar una oración o mantra específico que se sienta adecuado para invocar la presencia y la energía de la Santa Muerte.

Puede expresar atraves de sus Oraciones Súplicas o Peticiones así como sus intenciones y deseos con sinceridad y devoción, buscando su guía, protección y ayuda en su camino espiritual.

Es importante recordar que la Gran Invocación es una práctica personal y cada aprendiz puede adaptarla a sus propias creencias y preferencias.

Algunos aprendices pueden preferir seguir una estructura más tradicional, mientras que otros pueden elegir una aproximación más intuitiva y personalizada.

A través de esta práctica, el aprendiz busca establecer por primera vez una conexión más profunda y recibir su guía y bendiciones en el inicio de su camino espiritual.

# "ORACION DE LA GRAN INVOCACION"

Con reverencia y devoción, enciendo las velas en el altar, dejando que su luz ilumine mi camino.
Con cada llama que danza, invoco la divina presencia de La Santa Muerte.
Oh, Santa Muerte, madre y protectora, Escucha por primera vez mi llamado, en esta hora.

Con humildad y respeto te invoco, Para que guíes mi camino con amor y enfoque. En tus manos de eterna sabiduría, depositó mis deseos con alegría.
Que tu presencia divina me envuelva, Con tu fuerza y protección, mi alma resuelva.
Oh, Santa Muerte, amiga y confidente, Concede tu gracia y bendición en este instante.

Libérame de las cargas del pasado, y ayúdame a encontrar mi destino trazado.
En este altar por primera vez te ofrezco mi devoción, con flores, ofrendas y símbolos de admiración.
Acepta mi regalo con amor y gratitud, Y permíteme sentir tu divina presencia en plenitud.

Oh, Santa Muerte, escucha mi súplica, escucha mi plegaria, Oh, Santa Muerte, escucha mi súplica, escucha mi plegaria, concédeme tu guía en cada jornada.

Bendíceme con tu protección y luz, y permíteme vivir a tu lado en paz y plenitud. Con devoción sincera y en tu honor, mi Santa Muerte, Te invoco con fe y amor, en este verso que yo te ofrezco.

Que tu divina presencia nunca me abandone, En tus benditas manos, mi destino yo pongo.
Niña Blanca, Flaquita, Madrina de las almas, Tu nombre resuena en mis oraciones y en mis palmas.

Calaquita, Huesuda, Dama de las Sombras, Tu protección y guía son mis más anheladas obras.

En cada paso que dé, en cada sendero que recorra, Oh, Santa Muerte, tu presencia siempre me socorra.

Acompáñame hoy y en cada día venidero, En tu bendito nombre, mi fe y devoción te reitero.

Que así sea, en tu nombre sagrado mi Santa Muerte, Que tu amor y protección sean mi fuerte.

Que en cada momento, en cada instante, Tu luz y bendiciones sean mi constante.
*Amen...*

# SU ALTAR MAGICO...

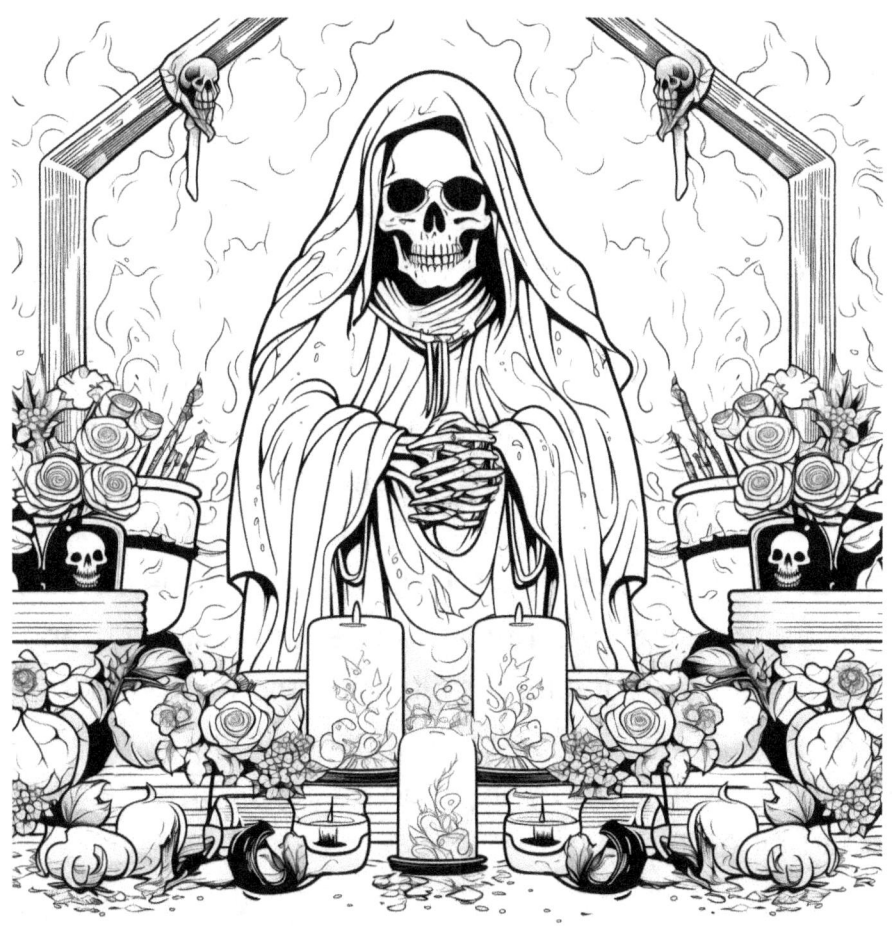

    En el altar de la Santa Muerte, encontramos una profunda y mágica amalgama de elementos que conforman un espacio sagrado por excelencia.
Cada uno de estos elementos tiene su propio propósito y significado, y juntos forman un portal que nos permite establecer un vínculo sagrado con su divinidad.

Aquí es el espacio donde su presencia se manifiesta para aquellos que la veneran y la aman con devoción sincera.
Cada elemento presente en el altar tiene un significado especial y simboliza la conexión con la Santa Muerte.

Las velas, por ejemplo, representan la luz que guía nuestro camino y la protección divina que nos brinda. Los colores de las velas también tienen su propio simbolismo, como el blanco para la paz y la pureza, el rojo para el amor y la pasión, y el negro para la protección contra energías negativas.

Los inciensos y hierbas aromáticas nos envuelven en su fragancia sagrada, purificando el espacio y creando una atmósfera propicia para la comunicación con la Santa Muerte. Cada hierba tiene sus propias propiedades mágicas y se elige cuidadosamente según la intención del devoto.

Las imágenes o estatuas de la Santa Muerte, cuidadosamente colocadas en el altar, son una representación tangible de Su presencia divina. A través de ellas, podemos contemplar su belleza y sentir su protección constante.
Las ofrendas y objetos personales que se presentan en el altar son una muestra de amor y respeto hacia la Santa Muerte.

Las flores, alimentos, bebidas, dulces, cigarros y otros elementos personales son ofrecidos como símbolos de gratitud y fidelidad.

Cada uno de estos elementos, se encuentran cuidadosamente dispuestos en el altar, estos nos permiten entrar en comunión con la Santa Muerte y abrir nuestros corazones a Su presencia divina.
Es a través de este lugar sagrado que podemos sentir su amor incondicional y recibir su protección y bendiciones he invocar su presencia.

Para que la energía fluya en armonía durante el ritual, es esencial tener presentes los cuatro elementos en el altar sagrado de la Santa Muerte.

Estos elementos representan los pilares fundamentales de la existencia y su presencia en el altar asegura una conexión equilibrada con el plano espiritual.

La presencia de estos cuatro elementos en el altar sagrado de la Santa Muerte asegura un equilibrio y una armonía en la energía durante el ritual.

Al honrar y reconocer la importancia de cada elemento, establecemos una conexión profunda con la Santa Muerte y abrimos el camino para que su poder y bendiciones fluyan hacia nosotros.

Los cuatro elementos presentes en nuestro altar a la Santa Muerte son signo de su dominio sobre todas las cosas:

**EL FUEGO**: lo simbolizan las velas que encendemos, su llama purifica las ofrendas como el espíritu al elevarse hacia Ella. El fuego representa la energía transformadora y la presencia divina de la Santa Muerte en nuestras vidas. Es a través de las llamas que se establece la comunicación y se elevan nuestras peticiones hacia su presencia sagrada.

**EL AIRE:** llega en forma de incienso que perfuma el ambiente. Así llevamos nuestras plegarias cual suspiros hasta nuestra Madre amada. El aire representa la conexión y la transmisión de nuestras oraciones y pensamientos hacia la Santa Muerte
.

El humo del incienso eleva nuestras palabras y emociones, llevándolas hasta su divinidad y permitiendo que lleguen a sus oídos.

**EL AGUA:** lo representan el licor Ron, Tequila, Vino Agua Bendita que derramamos en ofrenda de lo terrenal. El agua simboliza la purificación, la vida y la fertilidad. Al ofrecer líquidos en el altar, reconocemos el poder de la Santa Muerte para bendecir y sanar nuestras vidas.

**LA TIERRA:** colocaremos una maceta con flores de cempasúchil, o alguna otra cuyas raíces se nutran de las entrañas maternas de nuestra Madre Tierra. La tierra representa la estabilidad, la conexión con la naturaleza y la fertilidad de la vida. Al colocar una maceta con flores en el altar, honramos la vida y la muerte como parte del ciclo natural del universo. Las flores también simbolizan el renacimiento y la belleza que la Santa Muerte nos brinda.

Cada elemento es parte de Ella, que lo gobierna todo con su manto protector. Su altar es el centro que equilibra estas fuerzas cósmicas. Es en este espacio sagrado donde nos conectamos con su divinidad y buscamos su guía y protección. A través de los elementos presentes en el altar, rendimos homenaje a la Santa Muerte y reconocemos su poder en todas las manifestaciones de la vida.

Al honrarlos, honramos su soberanía sobre lo visible e invisible.
 Además de los cuatro elementos básicos hay otros símbolos que pueden agregarse al altar de la Santa Muerte para enriquecer su energía.

**Un Espejo de Obsidiana:** o plata les permitirá contemplar más allá de lo visible, adentrándose en los mundos esotéricos.

**También aconsejo piedras preciosas:** como el cuarzo rosa para sanar el corazón, o la amatista para protegerse de las energías negativas.

**Monedas o Billetes:** estos elementos ayudarán a financiar sus emprendimientos materiales y a atraer la prosperidad economica.

Y frutos como mandarinas y pan les traerán dulzura a la vida.
No olviden incluir una vela negra para pedir justicia o vengar un agravio.
Y una roja para atraer el amor o la pasion personal.

Si desean protección en viajes o negocios, coloquen sobre la calavera un avión o una balanza. Y si buscan sanar el cuerpo, incienso de lavanda y eucalipto lo armonizarán.
Además de los elementos básicos que conforman el altar de la Santa Muerte, también se pueden agregar imágenes de personas a las cuales se desea hacer una plegaria o agravio.

Esto permite personalizar aún más el altar, adaptándolo a las necesidades y deseos de cada devoto,La inclusión de imágenes de personas en el altar nos permite dirigir nuestras plegarias y agravios de manera más específica.

Podemos pedir por su protección, salud, amor o cualquier otra necesidad que nos preocupe.

Al hacerlo, establecemos un vínculo emocional y personal con la Santa Muerte, confiando en su poder y sabiduría para ayudarnos en nuestras intenciones.

Es importante recordar que la Santa Muerte responde a la fe y devoción con la que le rendimos culto.
Por lo tanto, al personalizar el altar y agregar fotos de personas, debemos hacerlo con respeto y buena intención, siempre buscando el bienestar y la protección de todos los involucrados.

Al establecer una conexión profunda con la enigmática y poderosa presencia de la Santa Muerte, es fundamental que nuestras plegarias sean sinceras y provengan del corazón.

Es a través de una oración honesta y llena de fe que lograremos establecer un vínculo más fuerte y significativo con nuestra Santa Muerte.

# COMO MONTAR EL ALTAR MAGICO...

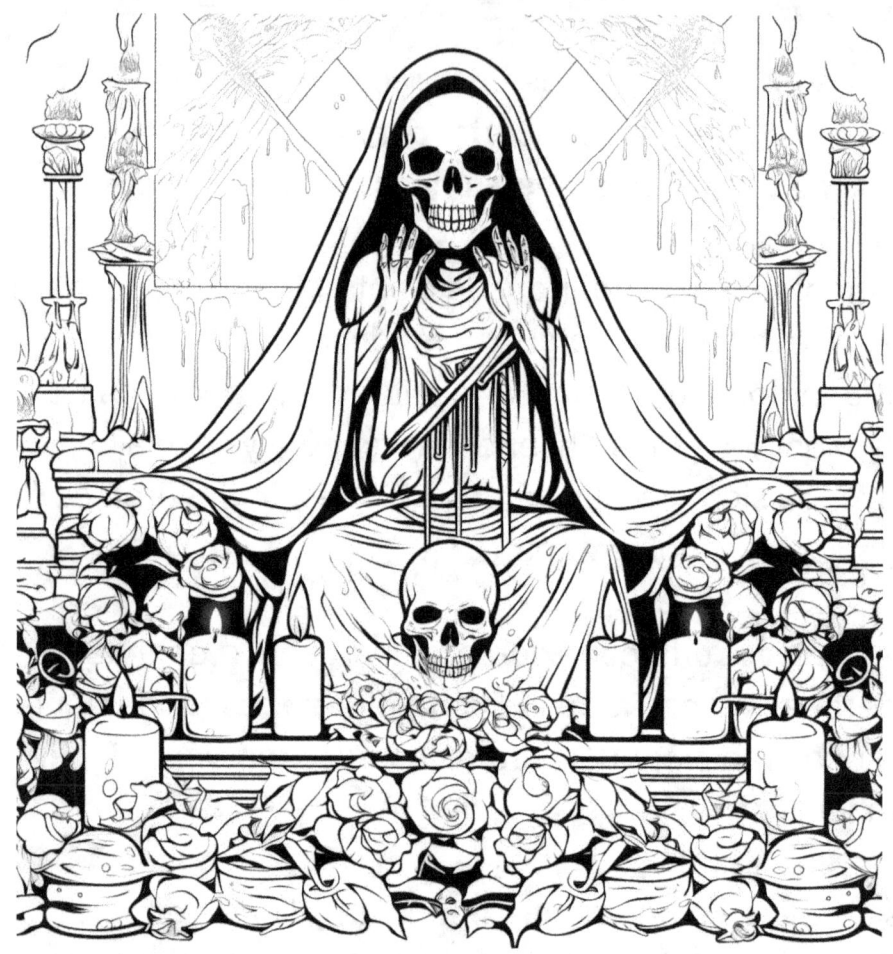

**A** todos los nuevos devotos, es un honor poder guiarlos en el montaje de un altar para la Santa Muerte, nuestra divina protectora. Permítanme compartirles los elementos esenciales que deben considerar al crear este sagrado espacio.

Cabe destacar que por regla general el altar deberá de cumplir con algunos requisitos basicos:

**1. Imagen de la Santa Muerte:** El centro del altar debe ser ocupado por una imagen de la Santa Muerte, la representación física de su divinidad.
Puede ser una estatua, una imagen impresa o cualquier otro objeto que los conecte con su presencia sagrada.

**2. Velas:** Las velas son un símbolo de luz y devoción. Coloque velas o veladoras a cada lado de la imagen de la Santa Muerte. Una vela blanca representa la pureza y la protección, mientras que una vela de color negro representa la sabiduría y el poder.

**3. Ofrendas:** Es tradición ofrecer alimentos y bebidas a la Santa Muerte como muestra de gratitud. Pueden colocar frutas frescas, pan, dulces o cualquier otro alimento que consideren apropiado. También pueden añadir una copa con agua, té, vino u otra bebida de su elección como Tequila Mezcal o Cerveza.

**4. Flores y plantas:** Las flores y las plantas simbolizan la vida y la renovación. Decoran el altar con flores frescas, como rosas, claveles, margaritas u otras flores de su preferencia. También pueden añadir plantas de hojas verdes para dar un toque de naturaleza.

**5. Elementos personales:** Agreguen objetos personales que tengan un significado especial para ustedes, como fotografías de seres queridos, objetos que representen sus deseos y metas, o amuletos de protección. Estos elementos pueden fortalecer su conexión con la Santa Muerte y hacer el altar más personal.

Para que la energía fluya en armonía durante el ritual, es importante tener presentes los 4 elementos en el altar sagrado de la Santa Muerte. Los cuatro elementos presentes en nuestro altar a la Santa Muerte son signo de su dominio sobre todas las cosas. Veamos:

**El fuego**, representado por las velas encendidas, simbolizan la purificación. Su llama sagrada eleva las ofrendas y plegarias hacia la Santa Muerte, purificando el ambiente y creando un vínculo entre lo terrenal y lo divino.

**El aire**, presente en forma de incienso, lleva nuestras peticiones y suspiros hasta nuestra Madre amada. Su aroma perfuma el ambiente, impregnando el altar con energías sutiles y creando un espacio propicio para la conexión espiritual.

**El agua**, representada por licores como el ron, el tequila, el vino y el agua bendita, es una ofrenda terrenal que simboliza la vida, la purificación y la fertilidad. Al derramar estas sustancias en el altar, honramos y agradecemos a la Santa Muerte por su protección y bendiciones.

**La tierra,** representada por una maceta con flores o un recipiente con tierra fresca, es un símbolo de la vida y la fertilidad. Es un recordatorio de nuestra conexión con la Madre Tierra y la importancia de cuidar y honrar la naturaleza.

Cada elemento presente en el altar de la Santa Muerte tiene un propósito sagrado y contribuye a la armonía y el equilibrio de las fuerzas cósmicas.

**En el camino del chamanismo**, el altar de la Santa Muerte se compone de elementos naturales como piedras, plumas, hierbas y símbolos que representan la conexión con la tierra, el agua, el fuego y el aire así como elementos personales como flores, inciensos y elementos personales. Estos elementos se utilizan para honrar y establecer una conexión profunda con los espíritus de la naturaleza y la Santa Muerte en su esencia chamánica.

Por otro lado, en **El Camino Católico Cristiano**, el altar de la Santa Muerte se compone de elementos propios de la tradición cristiana, como imágenes religiosas, velas, escapularios, rosarios y símbolos sagrados.

Estos elementos representan la fe en Dios y en los Santos, estos elementos se utilizan para expresar devoción y buscar la intercesión divina de la Santa Muerte. Es importante respetar y seguir las tradiciones y prácticas de cada camino, ya que cada uno tiene sus propias enseñanzas y creencias.

Como regla general, nunca se debe combinar elementos del chamanismo con elementos cristiano católicos en el altar de la Santa Muerte, ya que pueden generar confusión y contradicciones en la práctica de la devoción.

Cada camino tiene su propia belleza y profundidad, y al seguirlos de manera adecuada, se puede experimentar una conexión más auténtica y significativa con la Santa Muerte y sus bendiciones.

Es importante estudiar y comprender las enseñanzas de cada camino y elegir el que más resuene con nuestras creencias y valores personales.
De esta manera la Santa Muerte, en su sabiduría divina, te guiará como devoto en la elección y práctica del camino que les permita experimentar una conexión profunda y significativa con su sublime divinidad.

Al honrarlos, honramos su soberanía sobre lo visible e invisible.
Además de los cuatro elementos básicos hay otros símbolos que pueden agregarse al altar de la Santa Muerte para enriquecer su energía.

Recuerden que el altar debe ser un espacio de respeto y reverencia personal asi que todos los elementos se decidan incluir en el deberan de y vibrar con cada persona.

Manténgalo limpio y ordenado, y dediquen momentos de oración y meditación frente a él.
La Santa Muerte valorará su devoción y presencia en este espacio sagrado.

# PROCESO DE PURIFICACION O (CURARACION) DE LA IMAGEN DE LA SANTA MUERTE

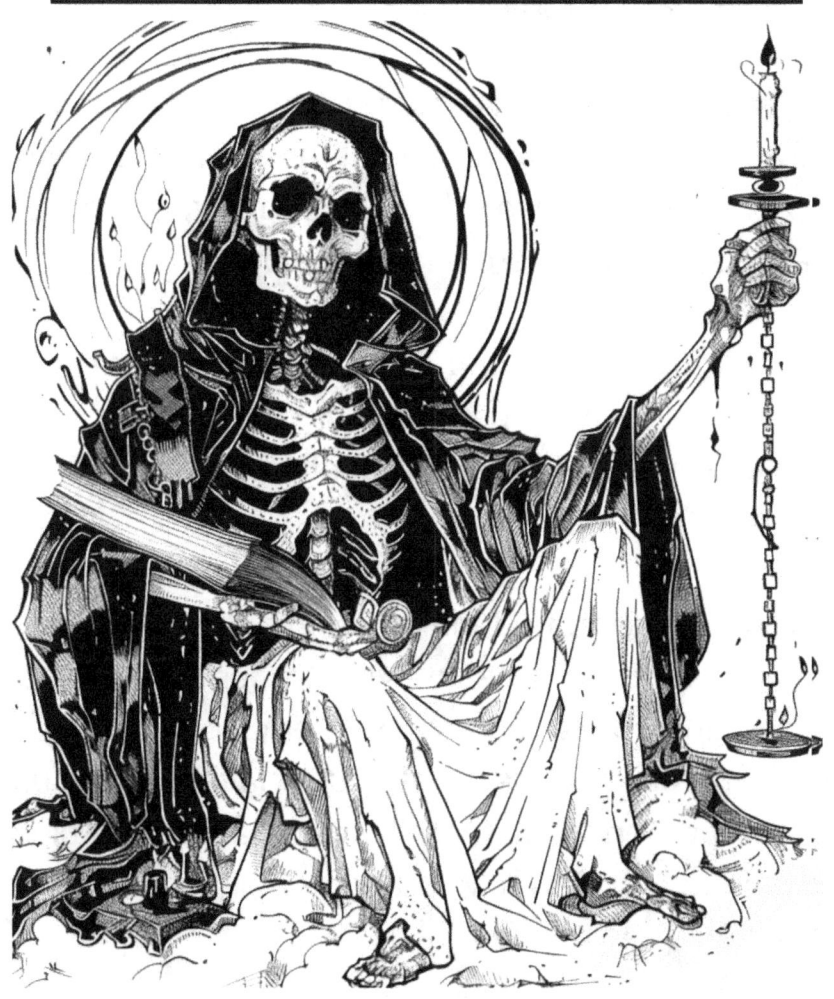

**P**ara purificar o curar la figura de la Santa Muerte antes de ser colocada por primera vez en el altar, es importante seguir un ritual de gran solemnidad y respeto. Este proceso busca limpiar y consagrar la imagen, estableciendo una conexión sagrada con la divinidad de la Santa Muerte a través de nuestra nueva imagen.

Permítanme guiarles en este ritual del proceso de purificación tambien conocido como:
**(curación de la imagen)**

**1. Preparación del espacio:** Escoge un lugar tranquilo y sagrado donde llevar a cabo el ritual. Limpia y purifica el espacio con incienso o hierbas sagradas, creando una atmósfera de reverencia y serenidad.

**2. Preparación personal:** Antes de comenzar el ritual, lávate las manos y el rostro con agua pura y limpia. Viste ropas limpias y blancas, simbolizando la pureza y la conexión con lo divino.

**3. Ofrenda de agua:** Llena un recipiente con agua pura agregale unas gotas de vinagre, unas gotas de alcohol y una cuchara de sal de mar colócalo cerca del altar. Sumerge la figura en el agua y lavala Toma un poco de agua en tus manos y levántala hacia el cielo, ofreciéndole a la Santa Muerte como símbolo de purificación y renacimiento.

**4. Incienso sagrado:** Enciende un incienso sagrado y pasa la figura de la Santa Muerte a través del humo. Visualiza cómo el humo purificador envuelve la imagen, eliminando cualquier energía negativa y llenándola de una luz divina y sanadora.

**5. Aceite sagrado:** Utiliza un aceite sagrado, como aceite de la Santa Muerte, aceite de oliva o aceite esencial de mirra, y unge suavemente la figura de la Santa Muerte. Mientras lo haces, enfócate en la intención de purificar y consagrar la imagen, infundiendo amor y protección en cada parte de ella.

**6. Oración de purificación:** Enfócate en la imagen de la Santa Muerte y recita la siguiente oración de purificación desde el fondo de tu corazón. Pide a la divinidad de la Santa Muerte que bendiga y purifique la figura, eliminando cualquier energía negativa o impureza.

### ORACION DE PURIFICACION

*Amada y poderosa Santa Muerte,*
*En este sagrado momento, me presento ante ti con humildad y devoción, buscando tu bendición y purificación para esta imagen que te ofrezco por primera vez.*
*Reconozco tu divinidad y el poder que emana de ti, y te pido que impregnes esta figura con tu sagrada esencia.*

*Con cada palabra que pronunció y con cada latido de mi corazón, te ruego que limpies esta imagen de cualquier energía negativa o impureza que pueda haber adquirido.*
*Que tu luz divina penetre en cada rincón de esta figura, traspasando sus límites materiales y transformándola en un símbolo viviente de tu amor y protección.*

Santa Muerte, guía y guardiana de las almas, te suplico que bendigas esta imagen con tu presencia sagrada. Que sea un canal para recibir tus mensajes y un refugio para aquellos que buscan tu amparo.

Que cada mirada que caiga sobre esta figura sienta tu poder y encuentre consuelo en tu abrazo eterno.
En este acto de purificación, te pido que bendigas también mi ser. Libera mi corazón de las cargas del pasado y de las impurezas que me impiden conectarme plenamente contigo.

Permíteme renacer en tu luz y encontrar la fuerza y el coraje para enfrentar los desafíos que la vida me presenta.
Santa Muerte, te entrego con amor y devoción esta imagen, confiando en tu poder para purificarla y consagrarla.
Que sea un recordatorio constante de tu presencia en mi vida y de la protección que me brindas en cada paso del camino.
Que inspire reverencia y gratitud en mi corazón y en todos aquellos que se acerquen a tu altar.

En tu nombre, Santa Muerte, y en el espíritu de purificación y renovación, te ofrezco esta oración con profunda devoción.
Amen

**7. Bendición personal:** Una vez que hayas purificado la figura, toma un momento para bendecirte a ti mismo. Pasa tus manos sobre tu cuerpo, desde la cabeza hasta los pies, visualizando cómo la energía purificadora de la Santa Muerte fluye a través de ti, liberándote de cualquier negatividad y renovando tu espíritu.

Antes de que la imagen sea colocada en el altar es necesario que le muestres el lugar donde será su nuevo altar, presentala por tu casa y muestrale la aceptacion de los presentes dale la bienvenida a tu hogar y a tu familia.

**8. Colocación en el altar:** Una vez que la figura de la Santa Muerte ha sido purificada y consagrada, colócala con reverencia en el altar, rodeada de velas, flores u otros elementos sagrados que desees ofrecer.

Recuerda que este ritual de purificación es un acto sagrado y personal, y cada devoto puede adaptarlo a su propia práctica y creencias. Lo más importante es llevar a cabo el ritual con respeto, amor y devoción, estableciendo una conexión profunda y sagrada con la Santa Muerte.

# BENDICION DE EL ALTAR MAGICO

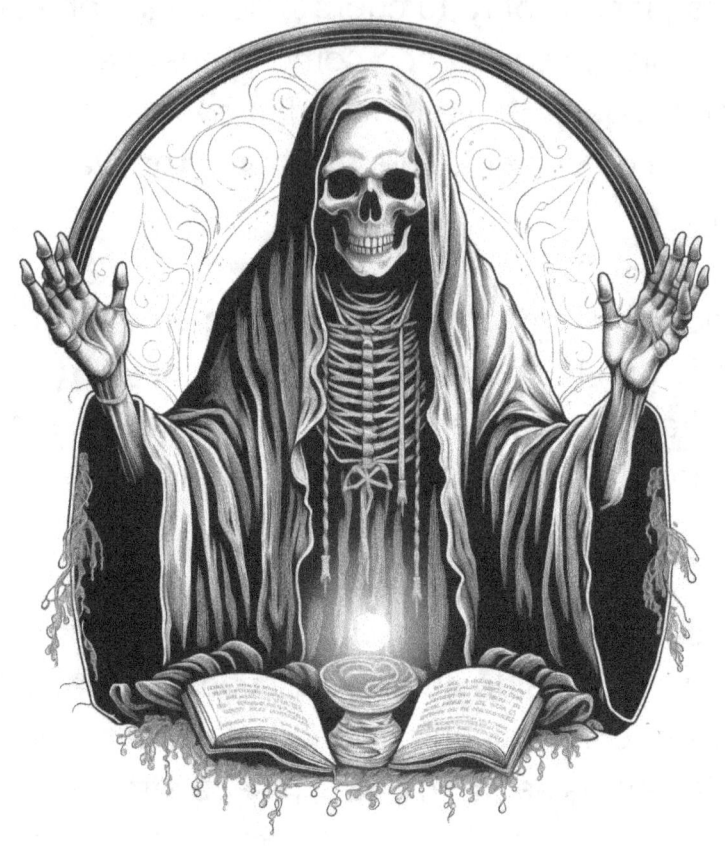

Una vez que nuestro altar haya sido montado, procederemos al acto de bendición, el cual será realizado con mucho respeto y devoción ya que este es la parte más importante antes de proceder a iniciar con el proceso de peticiones ruegos y plegarias.
A continuacion les presento un ejemplo de una oración dirigida hacia La Santa Muerte para que esta proceda a bendecir por primera vez nuestro altar mistico.

## "ORACION PARA BENDECIR EL ALTAR DE LA SANTA MUERTE"

Oh, Santa Muerte, divina protectora,
En esta hora sagrada te imploro ante tu divina presencia
Que Bendigas este altar, símbolo de devoción,
Que refleja mi lealtad y amor en cada oración hacia ti
Con humildad y reverencia me postro ante ti,
suplicando tu bendición en este acto de fe.
Que cada vela encendida brilla con tu luz,
iluminando mi camino y disipando la oscuridad.
Oh, Santa Muerte, madre celestial,
Derrama tus bendiciones sobre este altar especial.
Que cada flor colocada representa mi gratitud,
y que cada símbolo sea un reflejo de mi actitud.
Que la energía sagrada impregna este espacio,
Que tu presencia divina se haga tangible en cada abrazo.
Que tu protección sea un manto que me cobra,
guiándome con sabiduría y amor, en cada curva.
Oh, Santa Muerte, escucha mi plegaria,
Bendice este altar con tu gracia legendaria.
Que se convertirá en un punto de encuentro,
Donde mi devoción hacia ti se haga manifiesto.
En tus manos confió mi destino y mi vida,
Que este altar sea un refugio, una guarida.
Bendícelo con tu amor y tu divina esencia,
y permíteme sentir tu presencia con cada reverencia.
Que sea un símbolo eterno de lealtad y devoción,
Honrando tu divinidad con amor y pasión.

Amen.

# COMO SE LE PIDEN FAVORES A LA SANTA MUERTE

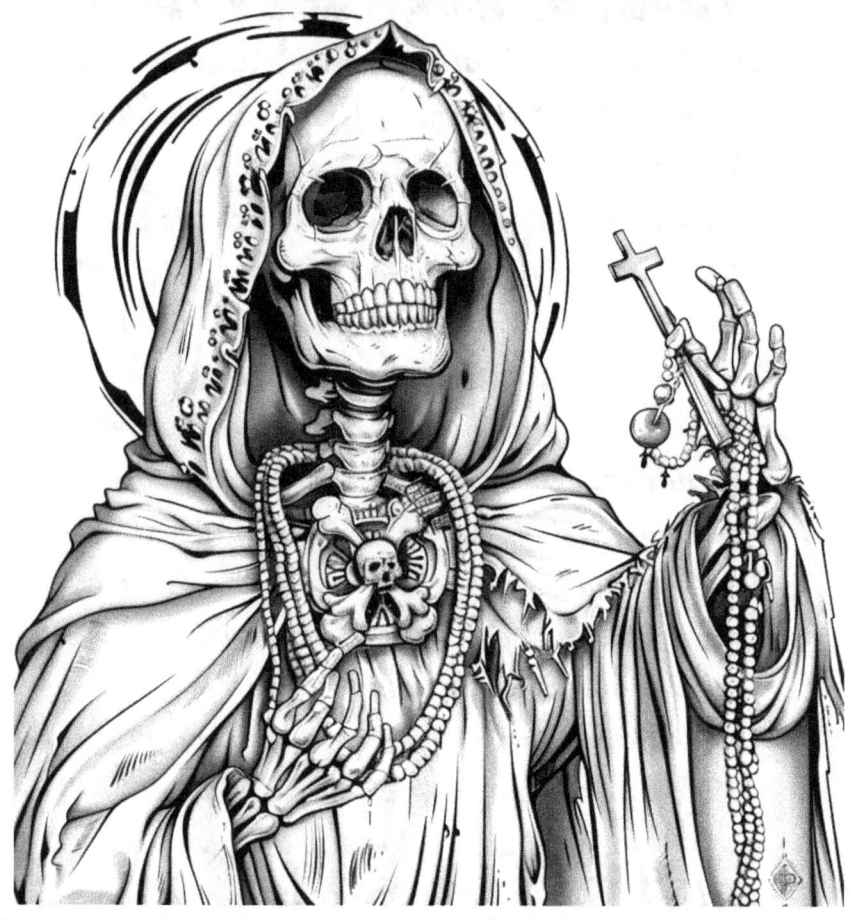

Para solicitar la intervencion divina de La santa Muerte o solicitar algún favor se debe de hacer a traves de las formas adecuadas, esto para que ella pueda escuchar nuestras necesidades.

Existen diferentes formas de solicitar favores, estas se solicitan a través de Súplicas y Peticiones, Oraciones y Rezos, Rituales y Ofrendas, además de Novenas, Semanarios y Promesas, Mandas, Etc.

**Las súplicas:** son expresiones de profundo deseo y necesidad que se hacen a la Santa Muerte con gran humildad y urgencia.

Las suplicas que se hacen desde el corazón, implorando su intervención divina en situaciones difíciles o desafiantes.

Las súplicas suelen estar relacionadas con circunstancias extremas, como enfermedades graves, peligros inminentes o crisis emocionales. Se busca la intervención directa y urgente de la Santa Muerte para brindar protección, sanación o resolución a la situación problemática.

**Las peticiones:** por otro lado, las peticiones son solicitudes que se hacen a la Santa Muerte para obtener ayuda, guía o bendiciones en diferentes aspectos de la vida. Pueden ser peticiones relacionadas con el amor, la salud, el trabajo, la prosperidad, la armonía familiar, entre otros. Estas peticiones pueden ser más generales y no necesariamente estar relacionadas con una situación de emergencia o crisis inmediata.

Durante las Peticiones se busca la influencia positiva y el apoyo de la Santa Muerte para alcanzar un objetivo o mejorar una situación en particular.

**Oraciones y Rezos:** Las oraciones son una forma común de solicitar favores a la Santa Muerte. Puedes recitar oraciones tradicionales que han sido utilizadas durante generaciones, o puedes crearlas con tus propias palabras desde el corazón.

Durante la oración, expresa tus necesidades y deseos con sinceridad y fe, pidiendo la intercesión de la Santa Muerte para obtener su protección y ayuda.

**Rituales y ofrendas:** Los rituales son una forma más elaborada de comunicarse y solicitar favores a la Santa Muerte. Puedes realizar un ritual específico, siguiendo un conjunto de pasos y usando elementos simbólicos como velas, inciensos, agua bendita, imágenes de la Santa Muerte o cualquier otro objeto que consideres adecuado.
Durante el ritual, enfoca tu atención en la Santa Muerte, expresa tus peticiones y ofrécele una ofrenda como muestra de respeto y gratitud.

**Novenas Semanarios y promesas(Mandas):** Una novena o un Semanario es una práctica devocional en la que se realiza una serie de oraciones durante Siete o nueve días consecutivos.
Puedes realizar un semanario o una novena a La Santa Muerte, recitando oraciones específicas cada día y manteniendo una actitud de devoción y fe.

También puedes hacer **Promesas o Mandas a La Santa Muerte,** comprometiéndote a realizar ciertas acciones o cambios en tu vida a cambio de su Protección,Bendicion o Ayuda.

**Peticiones personales:** Además de las prácticas mencionadas anteriormente, también puedes hacer peticiones personales a la Santa Muerte. En un momento de tranquilidad y concentración, habla en silencio o en voz baja con la Santa Muerte, expresando tus necesidades y deseos con sinceridad y confianza en su poder. Puedes pedirle protección, amor, salud, prosperidad o cualquier otro favor que consideres importante en tu vida.

Tanto las súplicas como las peticiones son expresiones de confianza y devoción hacia la Santa Muerte, buscando su intervención y bendiciones en la vida del devoto. Sin embargo, las súplicas se caracterizan por su sentido de urgencia y necesidad extrema, mientras que las peticiones pueden ser más amplias y relacionadas con diferentes aspectos de la vida cotidiana.

Es importante recordar que tanto las súplicas como las peticiones deben ser expresadas con sinceridad, humildad y respeto hacia la Santa Muerte. La conexión con ella se basa en una relación de confianza y devoción, y cada devoto puede elegir cómo expresar sus súplicas y peticiones de acuerdo con sus necesidades y creencias personales.

Para solicitar un favor a la Santa Muerte a través de una súplica o una petición es importante hacerlo con respeto, devoción y sinceridad.

Aquí te describo una forma de hacerlo:

**1. Prepara tu espacio:** Enciende una vela blanca o de color dependiendo de el tipo de peticion que desees realizar de acuerdo a la lista de colores anteriormente mencionada,prepara tu altar con los elementos necesarios que puedan servir para realizar tu peticion,fotografias incienso,velas ofrendas y todo lo necesario para Iniciar con tu peticion.

**2. Enfócate en tu intención:** Antes de comenzar, clarifica en tu mente y en tu corazón cuál es el favor que deseas solicitar. Sé específico y conciso en tu petición.

**3. Expresa tu devoción:** Inicia la comunicación con la Santa Muerte expresando tu devoción y respeto. Puedes hacerlo con una oración inicial o palabras desde el corazón.

**4. Explica tu necesidad o favor deseado:** Detalla claramente el favor que deseas pedir, explicando la situación y la necesidad que tienes.
Sé honesto y sincero en cada una de tus palabras.

**5. Pide su intervención:** Pide a la Santa Muerte que intervenga y te brinde su ayuda, protección o guía en relación al favor que solicitas. Hazlo con humildad y confianza en su poder divino a traves de la siguiente Oracion.

## ORACION PARA SOLICITAR UN FAVOR O UNA NECESIDAD A LA SANTA MUERTE

Oh, Santa Muerte, poderosa y compasiva,
En esta hora de necesidad desconsuelo, te ruego con humildad tu divina presencia.

Acudo a ti con fe y devoción, buscando tu Misericordiosa ayuda,
Sabiendo que eres la protectora de los afligidos y desamparados.

En tus manos, Santa Muerte, deposito mi petición y ruego con fe,
Te pido que escuches mis plegarias suplicas y necesidades con comprensión.

**(Expresa aquí de manera clara tu favor o necesidad)**

Te imploro, Santa Muerte, que intercedas por mí,
Que ilumines mi camino y me guíes hacia la solución de mi petición.

Si me concedes este favor, mi gratitud será eternamente dada.
Te agradezco por tu atención y por escuchar mi plegaria,
Que tu poderosa manto me bendiga hoy y siempre.
Amén.

Recuerda que la forma de invocar la presencia de la Santa Muerte puede variar según tus creencias y prácticas personales.
Esta oración solo es un humilde ejemplo de una invocación y siempre podrá ser adaptada de acuerdo a tus necesidades,lo importante es hacerlo desde el corazón con sinceridad y respeto hacia La Santa Muerte.

**5. Muestra tu gratitud:** Agradece de antemano a la Santa Muerte por su atención y disposición para ayudarte. Reconoce su poder y bondad en tu vida.

**7. Finaliza con una despedida:** Cierra tu solicitud dándole las gracias nuevamente y mostrando tu respeto al terminar la comunicación.
Puedes hacerlo con una oración de despedida o palabras de gratitud.

Al finalizar las peticiones a la Santa Muerte,
**8.Oracion de despedida:** el corazón de una oración de despedida puede expresar gratitud, devoción y confianza en la bondad y protección de la Santa Muerte. Aquí tienes un ejemplo de una oración de despedida:

## "ORACION DE DESPEDIDA"

Con devoción y gratitud, me despido en tu honor,
Oh, Santa Muerte, protectora y guía en mi andar.
Que tu presencia divina siempre me acompañe,
En cada paso, en cada momento, en cada lugar.

Niña Blanca, Madrina, Dama de las Sombras,
Tu nombre reverencio con amor en mis palabras.
En tu bendito nombre, confío y pongo mi fe,
Que tus bendiciones perduren para siempre en mi ser.

En tus manos poderosas, dejo mis anhelos y deseos,
Sabiendo que tu sabiduría y bondad siempre me protegen.
Que tu luz ilumine mi camino y mi corazón,
Y en cada desafío, encuentre fuerza y bendición.

Gracias, Santa Muerte, por escuchar mi súplica,
Por tu amor incondicional y tu guía tan única.
Te ruego que siempre estés conmigo, cerca y presente,
En cada día, en cada noche, en cada instante.
**Amén.**

# "ORACIÓNES PARA SOLICITARLE FAVORES A LA SANTA MUERTE"

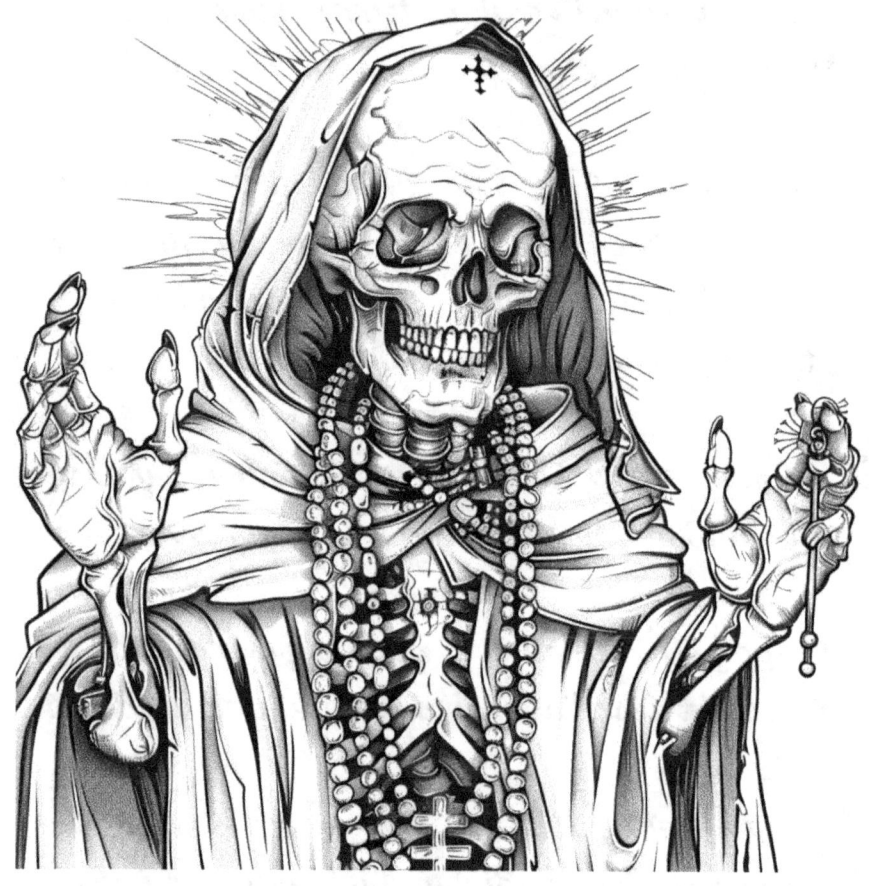

Mis queridos devotos, a continuacion les presento un conjunto de oraciones místicas dedicadas a La Santa Muerte para solicitarle sus Bendiciones, Favores o Necesidades asi como Suplicas, estas Poderosas Oraciones te brindaran una guía espiritual para tu conexión mistica con La Santa Muerte al momento de solicitar un favor o peticion.

Las oraciones místicas son una parte fundamental de nuestra devoción a la Santa Muerte.
A través de ellas, nos comunicamos con su energía divina y expresamos nuestras peticiones, agradecimientos y deseos más profundos.

Cada oración mística a la Santa Muerte es única y poderosa, y se utiliza para diferentes propósitos y situaciones. Al recitar estas oraciones con devoción y fe, establecemos un vínculo íntimo con la Santa Muerte y abrimos las puertas para recibir su bendición y protección.

Las oraciones místicas pueden ser recitadas en momentos de necesidad, para pedir ayuda en situaciones difíciles o para expresar gratitud por los favores recibidos. También pueden ser utilizadas en rituales y ceremonias sagradas, para fortalecer nuestra conexión con la Santa Muerte y aumentar su presencia en nuestras vidas.

Es importante recordar que las oraciones místicas deben ser recitadas con respeto y sinceridad. Debemos expresar nuestras necesidades y deseos con humildad y confianza, confiando en la sabiduría y el poder de la Santa Muerte para escuchar nuestras peticiones y responder de acuerdo a su voluntad divina.

Al recitar estas oraciones, podemos utilizar símbolos y palabras sagradas que representen nuestra reverencia hacia la Santa Muerte. Cada palabra y cada frase tienen un significado profundo y nos conectan con su energía divina.

Recuerden que la forma de invocar la presencia de La Santa Muerte puede variar según tus creencias y prácticas personales.

Estas Oraciónes solo son un humilde ejemplo de un servidor y siempre podrán ser adaptadas de acuerdo a tus necesidades, lo importante es hacerlo desde el corazón con sinceridad y respeto hacia La Santa Muerte.

**Nota Aclaratoria:** Todas las Oraciones que presento a continuacion estan escritas en un formato neutral, queda a consideracion de cada devoto adaptarlas ya sea al estilo Chamanico tradicional, o con un enfoque Catolico Cristiano, por favor sientanse libres de adaptarlas o hacerlas personales segun consideren su devocion y practica personal.

Es importante aclarar que **Una Plegaria** es una forma de comunicación verbal o escrita con la Santa Muerte, donde expresamos nuestras peticiones, agradecimientos o deseos. Por otro lado, **Un Poderoso Ritual,** es un conjunto de acciones y pasos específicos que se realizan con el propósito de manifestar un deseo o solucionar un problema en particular.

**Oracion de Protección:** a traves de esta oracion le Pedimos a la Santa Muerte que nos proteja de cualquier peligro, tanto físico como espiritual.

"Oh, Santa Muerte, protectora divina"
Solicito tu amparo en este camino de vida.
Envuélveme con tu manto sagrado,
Y guarda mi ser de todo mal y pecado.

Con tu poderosa presencia, oh Santa Muerte,
Rechaza las energías negativas que me acechen.
Protege mi cuerpo, mi mente y mi espíritu,
Con tu luz radiante y tu fuerza infinita.

Escucha mi súplica, oh Santa Muerte amada,
Defiéndeme de las amenazas y la adversidad.
Aleja los peligros que se acerquen a mí,
Con tu poder invencible, hazlos huir.

Oh, Santa Muerte, guardiana incansable,
Te ruego que me mantengas invulnerable.
Protege mi hogar, mi familia y seres amados,
Que on tu amor y poder,
siempre los resguardes.

Con humildad y devoción, te imploro, Santa Muerte,
Que tu protección sea mi escudo mas fuerte.
Gracias por tu bondad y por escuchar mi clamor,
Que tu amparo divino me acompañe en cada albor.
Que así sea.
Amen

**Oracion para Bendecir Articulos personales:** a traves de esta oracion le Pedimos a La Santa Muerte que bendiga nuestros articulos personales:Dijes Estampas,Escapularios,Medallas,Etc asi como todo articulo relacionado con su imagen.

"Oh, Santa Muerte, protectora y bendita"
Te imploro con humildad y devoción en mi oración.
Derrama tus bendiciones sobre cada artículo relacionado con tu imagen,
Que sean santificados y llenos de tu poder divino.

Con tu poderosa influencia, oh Santa Muerte,
Llena de energía sagrada cada imagen y estatua tuya.
Que irradien tu protección y tu amor incondicional,
Y que sean canales de conexión con tu presencia divina.

Oh, Santa Muerte, guardiana de tus seguidores,
Bendice cada artículo que lleva tu imagen y nombre.
Que sean portadores de tu protección y bendiciones,
Y que inspiren a todos a buscar tu guía y amor eterno.
Infunde tus bendiciones en los rosarios y las medallas,
Que sean amuletos de protección y fortaleza.

Concede, Santa Muerte, tu divina bendición,
A todos los artículos relacionados con tu imagen.
Que tu presencia sagrada los envuelva y los proteja,
Y que sean instrumentos de tu amor y protección en cada momento.

Amen...

**Oracion para solicitar Salud y Bienestar:** A traves de esta oracion Solicitamos su ayuda para sanar enfermedades y mantenernos saludables en cuerpo y mente.

*"Oh, Santa Muerte, divina sanadora"*
*Te ruego con humildad por salud y bienestar.*
*Envuelve mi cuerpo en tu manto sagrado,*
*Sana mis heridas, alivia mi pesar.*

*Con tu poderosa energía, oh Santa Muerte,*
*Elimina las enfermedades que me aquejan.*
*Restaura mi vitalidad, renueva mi fuerza,*
*Que la salud florezca en cada célula que se despierta.*

*Concede claridad y equilibrio a mi mente,*
*Libérame de la angustia y la aflicción.*
*Que la paz y la serenidad me envuelvan,*
*Y la salud plena sea mi bendición.*

*Oh, Santa Muerte, sanadora compasiva,*
*Derrama tus bendiciones sobre mi cuerpo y alma.*
*Que la vitalidad y el bienestar me acompañen,*
*Y que la enfermedad no tenga cabida en mi morada.*

*Te suplico, Santa Muerte, con fe y devoción,*
*Que mi salud sea restaurada por tu intercesión.*
*Gracias por tu amor y tu poder sanador,*
*Que la salud y el bienestar sean mi eterna bendicion .*
*Que sí sea...*
*Amen*

**Oracion para Solicitar Amor:** A traves de esta Oracion le pedimos su intervención para encontrar el amor verdadero, fortalecer relaciones existentes o superar desafíos en el ámbito amoroso.

"Oh, Santa Muerte, amorosa protectora"
Escucha mi ruego y atiende mi súplica sincera.
Dame el don del amor verdadero y profundo,
Que mi corazón encuentre un compañero
en este mundo.

Con tu poderosa energía, oh Santa Muerte,
Atrae a mi vida el amor puro y sincero.
Que el vínculo sagrado se forje con pasión,
Y que el amor florezca, llenando mi corazón.

Oh, Santa Muerte, guíame en el camino del amor,
Hazme merecedor de un amor sincero y fervor.
Que el respeto y la confianza sean su fundamento,
Y que juntos caminemos unidos en cada momento.

Concede sabiduría en el amor y la comprensión,
Que el amor sea un lazo de alegría y unión.
Que se abran los corazones y florezca la pasión,
Bajo tu amparo divino, oh Santa Muerte, en cada estación.

Gracias, Santa Muerte, por escuchar mi plegaria,
Por tu amor incondicional y tu guía necesaria.
Que el amor llegue a mi vida con tu bendición,
Y que sea eterno, llenándome de satisfacción.

Amen..

**Oracion para la Prosperidad:** A traves de esta Oracion buscamos su apoyo para atraer la abundancia financiera y la estabilidad económica a nuestras vidas.

*"Oh, Santa Muerte, generosa proveedora"*
*Te imploro con fervor por la prosperidad anhelada.*
*Bendice mi camino con abundancia y éxito,*
*Que la fortuna y la riqueza se multipliquen a mi lado.*

*Con tu poderosa influencia, oh Santa Muerte,*
*Atrae hacia mí oportunidades y prosperidad.*
*Despeja los obstáculos que me impiden avanzar,*
*Y guíame hacia la plenitud económica sin igual.*

*Infunde en mí sabiduría y visión financiera,*
*Para tomar decisiones acertadas y seguras.*
*Que mis esfuerzos sean recompensados con creces,*
*Y que la prosperidad fluya en todas mis empresas.*

*Oh, Santa Muerte, dadora de bendiciones materiales,*
*Haz que la abundancia se manifieste en mis manos.*
*Que mis proyectos sean fructíferos y prósperos,*
*Y que la estabilidad económica sea mi legado.*

*Gracias, Santa Muerte, por tu intercesión divina,*
*Por bendecirme con la prosperidad que se avecina.*
*Que mi camino esté siempre lleno de prosperidad,*
*Bajo tu guía y protección, en cada etapa de mi caminar.*

*Amen...*

**Oracion para Solicitar Trabajo:** A traves de esta Oracion solicitamos su guía para encontrar empleo, mejorar nuestras habilidades laborales o alcanzar el éxito Laboral o Profesional.

*"Oh, Santa Muerte, poderosa patrona del trabajo"*
*Te ruego con humildad y devoción en este momento.*
*Ayúdame a encontrar un empleo digno y estable,*
*Que en mi vida se abran las puertas del sustento.*

*Con tu poderosa influencia, oh Santa Muerte,*
*Atrae hacia mí oportunidades laborales de valor.*
*Guíame en mi búsqueda, ilumina mi camino,*
*Y permite que el trabajo llegue a mí con honor.*

*Libérame de la incertidumbre y la preocupación,*
*Dame confianza y sabiduría en las entrevistas.*
*Que mis habilidades y talentos sean reconocidos,*
*Y que en el trabajo encuentre realización y conquistas.*

*Concede, Santa Muerte, un ambiente laboral armonioso,*
*Que prevalezca la colaboración y el respeto mutuo.*
*Que mi trabajo sea valorado y apreciado,*
*Y que en él encuentre satisfacción y gratitud perpetuo.*

*Gracias, Santa Muerte, por escuchar mi súplica,*
*Por tu guía y protección en mi búsqueda laboral.*
*Que el trabajo llegue a mí con tu bendición divina,*
*Y que sea un medio de crecimiento y realización personal.*

*Amen...*

**Oracion para para Solicitar Paz Familiar:** A traves de esta Oracion le pedimos su intervención para resolver conflictos familiares, promover la armonía y el entendimiento entre los seres queridos.

*"Oh, Santa Muerte, protectora de los lazos familiares"*
*Te imploro con humildad y amor en mis plegarias.*
*Derrama tu paz sobre mi hogar y seres queridos,*
*Que reine la armonía y la tranquilidad en nuestras vidas.*

*Con tu poderosa presencia, oh Santa Muerte,*
*Disipa las tensiones y los conflictos en mi familia.*
*Sana las heridas del pasado y renueva los lazos,*
*Que el perdón y la comprensión sean nuestra guía.*

*Infunde en nosotros amor y respeto mutuo,*
*Que la comunicación fluya de manera clara y sincera.*
*Que cada miembro de la familia se sienta valorado,*
*Y que la paz reine en cada rincón de nuestra morada.*

*Concede, Santa Muerte, sabiduría en los desafíos,*
*Para resolver conflictos y encontrar soluciones.*
*Que la paz prevalezca en nuestras conversaciones,*
*Y que el entendimiento mutuo sea nuestra bendición.*

*Gracias, Santa Muerte, por tu intercesión amorosa,*
*Por velar por la paz en mi hogar y en mi familia.*
*Que tu presencia sagrada nos guíe y proteja,*
*Y que la paz familiar sea nuestro mayor tesoro.*

*Amen...*

**Oracion para para Solicitar Proteccion Legal:** Con esta Oracion le pedimos su ayuda para resolver problemas legales o enfrentar situaciones judiciales de manera justa y favorable.

*"Oh, Santa Muerte, poderosa guardiana de la justicia"*
*Te imploro con humildad y fe en mi súplica.*
*Protege mi ser en cuestiones legales y jurídicas,*
*Que tu manto sagrado me ampare de toda malicia.*

*Con tu poderosa influencia, oh Santa Muerte,*
*Disipa las sombras y las falsas acusaciones.*
*Guíame por el camino de la verdad y la equidad,*
*Y que la justicia prevalezca en todas mis acciones.*

*Ilumina mi mente con sabiduría y discernimiento,*
*Para tomar decisiones acertadas y justas.*
*Que mi defensa sea firme y con fundamentos,*
*Y que la protección legal sea mi escudo en todas las luchas.*

*Oh, Santa Muerte, defensora de los desamparados,*
*Intercede por mí en el sistema legal y jurídico.*
*Que la verdad sea evidente y mi inocencia resalte,*
*Y que la protección legal me acompañe en cada paso.*

*Gracias, Santa Muerte, por tu protección divina,*
*Por ser mi guía en los asuntos legales y jurídicos.*
*Que tu presencia sagrada me envuelva y proteja,*
*Y que la protección legal sea mi mayor beneficio.*

*Así sea.* **Amen**...

**Oracion para para Superar Adicciones:** Con esta Oracion Pedimos su apoyo para vencer las adicciones y hábitos destructivos que nos impiden vivir una vida plena.

"Oh, Santa Muerte, poderosa sanadora de las adicciones"
Te imploro con humildad y determinación en mis plegarias.
Libérame de las cadenas que atan mi voluntad,
Ayúdame a superar las adicciones y renacer en libertad.

Con tu poderosa energía, oh Santa Muerte,
Despierta en mí el valor y la fuerza para resistir.
Ilumina mi camino hacia la recuperación y la sanación,
Y que mi espíritu se eleve, dejando atrás
ese oscuro abismo de maldicion.

Libérame de la dependencia y el deseo insano,
Fortalece mi determinación y mi autocontrol.
Que la serenidad y la paz llenen mi ser,
Y que la adicción sea solo un recuerdo lejano.

Oh, Santa Muerte, guíame siempreen el camino
hacia la sobriedad,
Acompáñame en cada paso de mi proceso de curación.
Que encuentre en ti fortaleza y consuelo,

Gracias, Santa Muerte, por tu amor incondicional,
Por ser mi guía en el camino hacia la recuperación.
Que tu presencia sagrada me proteja y me inspire,
Y que la superación de las adicciones sea mi mayor logro.
Así sea. **Amen**..

**Oracion para para la Fertilidad:** A traves de esta OracionBuscamos su bendición para concebir y tener un embarazo saludable, o para encontrar el camino de la adopción y la crianza amorosa.

*"Oh, Santa Muerte, bendita protectora de la vida"*
*Te imploro con humildad y esperanza en mi oración.*
*Dame el don de la fertilidad tan anhelado,*
*Que mi vientre se llene de vida y bendición.*

*Con tu poderosa influencia, oh Santa Muerte,*
*Despierta en mí la fuerza de la maternidad.*
*Elimina los obstáculos que impiden la concepción,*
*Y permite que el milagro de la vida se manifieste*
*en mi realidad.*

*Infunde en mí la fertilidad y la abundancia,*
*Que mis deseos de ser madre se hagan realidad.*
*Llena mi hogar con risas de niños y alegría,*
*Y que la bendición de la familia se multiplique sin cesar.*

*Que la esperanza y la fe sean mis compañeras,*
*Y que la fertilidad sea una realidad en mi existencia.*

*Gracias, Santa Muerte, por escuchar mi plegaria,*
*Por tu amor y protección en mi búsqueda de la fertilidad.*
*Que tu presencia divina me envuelva y me guíe,*
*Y que el regalo de la vida florezca en mi ser con tu bendición.*

*Amen...*

**Oracion para para la Estabilidad emocional:** A traves de esta Oracion le solicitamos su ayuda para superar la tristeza, la ansiedad y el estrés, y encontrar paz y equilibrio emocional.

Oh, Santa Muerte, guardiana de la estabilidad emocional
Te imploro con humildad y sinceridad en mi oración.
Bríndame serenidad en tiempos de turbulencia,
Y fortaleza para enfrentar los desafíos con determinación.

Con tu poderosa influencia, oh Santa Muerte,
Calma mi mente y equilibra mis emociones.
Libérame de la ansiedad y la angustia que me abruman,
Y permite que la paz interior sea mi mayor bendición.

Infunde en mí la sabiduría y la compasión,
Para entender mis emociones y las de los demás.
Que el amor y la empatía sean mi guía,
Y que la estabilidad emocional sea mi refugio constante.

Concede, Santa Muerte, la capacidad de soltar el pasado,
De perdonar y liberar las cargas emocionales.
Permite que la alegría y la paz reinen en mi ser,
Y que la estabilidad emocional sea mi mayor tesoro.

Gracias, Santa Muerte, por tu presencia sanadora,
Por ser mi guía en la búsqueda de la estabilidad emocional.
Que tu amor incondicional me envuelva y me proteja,
Y que la calma y la serenidad sean mi constante compañía.

Amen...

**Oracion para para el Éxito Académico:** A traves de esta Oracion Pedimos su guía para obtener buenos resultados en nuestros estudios y alcanzar nuestras metas educativas.

*"Oh, Santa Muerte, sabia patrona del conocimiento"*
*Te imploro con humildad y devoción en mi plegaria.*
*Concede éxito académico en mi camino de aprendizaje,*
*Que mis esfuerzos sean recompensados con sabiduría y prosperidad.*

*Con tu poderosa influencia, oh Santa Muerte,*
*Ilumina mi mente y guía mis pasos en el estudio.*
*Dame claridad y comprensión en cada asignatura,*
*Y que la excelencia académica sea mi mayor atributo.*

*Fortalece mi voluntad y mi disciplina en el aprendizaje,*
*Ayúdame a superar obstáculos y desafios con valentía.*
*Que la motivación y la perseverancia sean mis aliados,*
*Y que el éxito académico sea mi destino con tu bendición.*
*Concede, Santa Muerte, la sabiduría para aprobar exámenes,*
*Que mis esfuerzos se vean reflejados en mis logros.*
*Que cada conocimiento adquirido sea una herramienta,*
*Y que el éxito académico me abra puertas hacia un futuro esplendoroso.*
*Que tu presencia sagrada me inspire y me motive,*
*Y que el éxito académico sea mi mayor logro con tu divina bendición.*
*Amen...*

**Oracion para Viajes Seguros:** Con esta Oracion Solicitamos su protección durante nuestros viajes, tanto dentro como fuera de nuestro país, para regresar sanos y salvos a nuestros hogares.

*" Oh, Santa Muerte, guardiana de los viajeros"*
*Te imploro con humildad y devoción en mi oración.*
*Protege mi camino y mis pasos en cada viaje,*
*Que la seguridad y la protección sean mi constante compañia.*

*Con tu poderosa influencia, oh Santa Muerte,*
*Aleja los peligros y los obstáculos de mi camino.*
*Guíame por rutas seguras y libres de adversidades,*
*Y que la protección divina resguarde mi destino.*

*Envuélveme en tu manto sagrado de protección,*
*Aleja los accidentes y los contratiempos del camino.*
*Que cada vehículo en el que me transporte sea seguro,*
*Y que la protección divina me acompañe en cada destino.*

*Concede, Santa Muerte, la sabiduría y la intuición,*
*Para tomar decisiones acertadas en mis travesías.*
*Que mi intención sea clara y mi mente esté alerta,*
*Y que la protección divina me guarde en cada dia.*

*Gracias, Santa Muerte, por tu amor y protección,*
*Por velar por la seguridad en mis viajes y travesías.*
*Que tu presencia sagrada me envuelva y me guíe,*
*Y que la protección divina sea mi mayor bendición.*
*Amen...*

**Oracion para Sanación Espiritual:** Con esta Oracion buscamos su apoyo para sanar nuestras heridas emocionales y espirituales, y encontrar paz y conexión con lo divino.

"Oh, Santa Muerte, poderosa sanadora del espíritu"
Te imploro con humildad y fe en mi plegaria.
Envuelve mi ser en tu energía curativa y purificadora,
Que mi espíritu encuentre sanación y renovación.

Con tu poderosa influencia, oh Santa Muerte,
Limpia las heridas emocionales y las cargas del pasado.
Libérame de la negatividad y el dolor que me aflige,
Y permite que la sanación espiritual sea mi mayor regalo.

Ilumina mi camino hacia la paz interior y la armonía,
Ayúdame a encontrar la serenidad en tiempos de tribulación.
Que mi espíritu se fortalezca y se renueve,
Y que la sanación espiritual sea mi guía en cada estación.

Oh, Santa Muerte, guardiana de los corazones afligidos,
Protege mi espíritu de la desesperanza y la confusión.
Ayúdame a encontrar mi propósito y mi paz interior,
Y que la sanación espiritual sea mi mayor bendición.

Gracias, Santa Muerte, por escuchar mi plegaria,
Por tu amor y sanación en mi búsqueda espiritual.
Que tu presencia sagrada me envuelva y me proteja,
Y que la sanación espiritual sea mi mayor logro con tu divina bendición.
Amen...

**Oracion para Alejar Enemigos:** Con esta Oracion Buscamos su ayuda para alejar a personas negativas de nuestra vida y protegernos de cualquier energía malintencionada.

*"Oh, Santa Muerte, poderosa protectora*
*contra los enemigos"*
*Te imploro con humildad y determinación en mi oración.*
*Aleja de mí a aquellos que buscan dañarme,*
*Que tu poder divino sea mi escudo ante cualquier adversidad.*

*Con tu poderosa influencia, oh Santa Muerte,*
*Disipa la energía negativa de mis enemigos.*
*Protege mi camino de malas intenciones y traiciones,*
*Y que la paz y la armonía sean mi constante compañía.*

*Envuelve mi ser en tu manto sagrado de protección,*
*Impide que los enemigos encuentren mi camino.*
*Que tu presencia ahuyente cualquier maldad o malevolencia,*
*Concede, Santa Muerte, la sabiduría y la intuición,*
*Para reconocer y evitar las trampas y los engaños.*
*Que mi mente esté alerta y mi espíritu esté protegido,*
*Y que la protección divina me resguarde en cada día.*

*Gracias, Santa Muerte, por tu amor y protección,*
*Por velar por mi seguridad y bienestar ante mis enemigos.*
*Que tu presencia sagrada me envuelva y me guíe,*
*Y que la protección divina sea mi mayor bendición.*
*Así sea*
**Amen...**

**Oracion para Superar Obstáculos:** Con esta Oracion Solicitamos su fortaleza para superar los obstáculos que se interponen en nuestro camino y alcanzar nuestras metas.

Oh, Santa Muerte, poderosa vencedora de obstáculos,
Te imploro con humildad y determinación en mi oración.
Dame fuerza y valentía para superar cada desafío,
Que tu luz divina ilumine mi camino hacia la superación.

Con tu poderosa influencia, oh Santa Muerte,
Rompe las cadenas que me atan a la adversidad.
Infunde en mí la determinación y la perseverancia,
Y que la victoria sobre los obstáculos sea mi mayor logro.

Guía mis pasos con tu sabiduría y compasión,
Ayúdame a encontrar soluciones en tiempos de dificultad.
Que tu presencia disipe el miedo y la duda en mi corazón,
Y que la superación de obstáculos sea mi constante inspiración.

Fortalece mi espíritu ante las pruebas que enfrento,
Permíteme aprender y crecer a través de los desafíos.
Que mi fe en ti sea mi escudo y mi guía,
Y que la superación de obstáculos sea mi mayor victoria.

Y que las barreras y obstáculos sea mi mayor logro
con tu divina bendición.

Amen...

**Oracion para Casos Desesperados:** Con esta Oracion pedimos su intercesión en momentos de Angustia y Desesperacion.

*"Oh, Santa Muerte, poderosa y compasiva"*
*Te imploro con desesperación y humildad en mi oración.*
*Acudo a ti en busca de ayuda en este momento difícil,*
*Encomiendo mi vida a tu divina intervención.*

*En casos desesperados, oh Santa Muerte,*
*Te ruego que extiendas tu mano de auxilio hacia mí.*
*Que tu poder divino disuelva mis angustias y aflicciones,*
*Y que encuentre la solución a mis problemas sin salida.*

*Con tu poderosa influencia, oh Santa Muerte,*
*Rompe las cadenas que me atan a la desesperanza.*
*Infunde en mí la fe y la esperanza inquebrantables,*
*Y que tu intervención sea mi salvación en momentos de desesperación.*

*Permíteme ver las oportunidades ocultas en medio de la adversidad,*
*Y otórgame la sabiduría para tomar decisiones acertadas.*
*Que tu presencia divina ilumine mi camino,*
*Y que tu ayuda en casos desesperados sea mi mayor bendición.*

*Gracias, Santa Muerte, por tu amor y compasión infinitos,*
*Por escuchar mi petición y acudir en mi auxilio.*
*Que tu presencia sagrada me envuelva y me proteja,*
*Y que tu ayuda en casos desesperados sea mi mayor milagro.*
*Amen...*

**Oracion para Perdón y Reconciliación:** Con esta Oracion pedimos su intercesión para encontrar el perdón y la reconciliación con aquellos con quienes hemos tenido conflictos o desavenencias.

*"Oh, Santa Muerte, divina reconciliadora"*
*Te imploro con humildad y arrepentimiento en mi oración.*
*Permite que el perdón fluya en mi corazón,*
*Que la reconciliación sea mi camino hacia la paz interior.*

*Con tu poderosa influencia, oh Santa Muerte,*
*Disipa la ira y la amargura que me consumen.*
*Bendice mis palabras y mis acciones con compasión,*
*Y que el perdón y la reconciliación sean mi mayor liberación.*

*Oh, Santa Muerte, guardiana del equilibrio y la paz,*
*Ayúdame a enfrentar mis errores con humildad y sinceridad.*
*Que mi arrepentimiento sea genuino y profundo,*
*Y que el perdón y la reconciliación sean mi guía*
*en cada segundo.*

*Permíteme aprender de mis errores y crecer,*
*Que mi transformación sea evidente en mis acciones.*
*Que el amor y la comprensión prevalezcan sobre el rencor,*
*Y que la reconciliación sea mi mayor bendición y honor.*
*que la reconciliación sea mi mayor logro con tu divina*
*bendición.*

*Amen...*

**Oracion para hacer una Limpia o Despojo:** Con esta Oracion pedimos su intercesión al momento de realizar una Limpia o Despojo.

Oh, Santa Muerte, poderosa y purificadora,
En este momento de limpieza o Despojo espiritual,
te invoco con devoción.
Derrama tu luz divina sobre mí y mi entorno,
Limpia y libera mi espíritu de toda negatividad.

Con tu poderosa influencia, oh Santa Muerte,
Elimina las energías oscuras que me rodean.
Limpia mi mente, mi cuerpo y mi alma,
Y renueva mi ser con tu bendición purificadora.

Con cada paso que doy, que tu presencia guíe mi camino,
Que tu poder divino expulse todo mal que me afecta.
Que cada rincón de mi ser sea purificado,
Y que la paz y la armonía llenen mi ser por siempre.

Que tu energía sagrada disuelva las ataduras invisibles,
Que me libere de los lazos que me limitan.
Que mi espíritu se eleve hacia la plenitud y la libertad,
Y que tu luz divina sea mi guía en este proceso de limpieza.

Gracias, Santa Muerte, por tu amor y compasión infinitos,
Por acompañarme en mi búsqueda de purificación.
Que tu presencia sagrada me envuelva y me proteja,
Y que la limpieza espiritual sea mi mayor transformación con
tu divina bendición.
Amen...

**Oracion para pagar una Promesa o Manda:** con esta Oracion nos comprometemos a cumplir un compromiso ante ella por un favor recibido.

*"Oh, Santa Muerte, patrona de los favores recibidos"*
*En este momento de gratitud y devoción, me postro ante ti.*
*Agradecido por tu ayuda y protección incondicional,*
*Vengo a pagar mi deuda con humildad y sincera devoción.*

*Con tu poderosa influencia, oh Santa Muerte,*
*Te ofrezco mi lealtad y mi agradecimiento sincero.*
*Que mi acción de gratitud sea digna de tu divina presencia,*
*Y que tu bendición acompañe cada paso que doy.*
*Oh, Santa Muerte, guardiana de los favores recibidos,*
*Recibo tu ayuda con humildad y agradezco tu intervención.*
*Como muestra de mi gratitud, te ofrezco mi devoción eterna,*
*Y prometo ser un fiel seguidor y difusor de*
*tu divina bendición.*
*Concede, Santa Muerte, tu divina bendición*
*sobre mi ofrenda,*
*Que sea aceptada con amor y gratitud por ti.*
*Que mi acción de pagar el favor recibido*
*sea un acto sagrado,*
*Y que fortalezca nuestra conexión y relación para siempre.*
*Gracias, Santa Muerte, por tu amor y compasión infinitos,*
*Por tu ayuda incondicional y tu protección constante.*

*Que tu presencia sagrada me envuelva y me proteja,*
*Y que mi acto de gratitud sea un testimonio de tu divina*
*bendición.*
*Amen...*

**Oracion de los 7 Dias:** Con esta Oracion pedimos su intercesión durante 7 dias para encontrar solicitar proteccion y Bendiciones.

*"Oh, Santa Muerte, protectora y bendita"*
Te imploro con humildad y devoción en estos siete días.
Derrama tu protección y bendiciones sobre mí,
Que tu poder divino me envuelva y me guíe.

**En el primer día**, te pido que me protejas de todo mal,
Que tus manos sagradas me cubran y me resguarden.
Que ningún peligro se acerque a mi camino,
Y que tu luz divina ilumine mi sendero.

**En el segundo día**, te ruego que me bendigas con fortaleza,
Que tu fuerza infinita me acompañe en cada desafío.
Que pueda superar cualquier obstáculo que se presente,
Y que tu poder me impulse hacia la victoria.

**En el tercer día**, te suplico que me protejas de la envidia,
Que tu manto sagrado me cubra y me aleje de la maldad ajena.
Que mi camino esté libre de malas intenciones,
Y que tu protección sea mi escudo ante cualquier adversidad.

**En el cuarto día**, te imploro que me bendigas con salud,
Que tu energía curativa me envuelva y me fortalezca.
Que mi cuerpo esté sano y protegido de enfermedades,
Y que tu bendición me acompañe en cada instante.

**En el quinto día**, te ruego que me protejas de la negatividad,
Que tu luz divina disipe los pensamientos oscuros.
Que la paz y la armonía reinen en mi mente y mi corazón,
Y que tu presencia sagrada me libere de cualquier carga.

**En el sexto día**, te suplico que me bendigas con prosperidad,
Que tus manos generosas derramen abundancia en mi vida.
Que todas mis necesidades sean cubiertas,
Y que tu bendición me abra las puertas hacia la abundancia.

**En el séptimo día**, te imploro que me protejas de todo daño,
Que tu presencia divina sea mi escudo y mi guía.
Que tu amor y tu protección me acompañen siempre,
Y que tu bendición sea mi mayor tesoro en esta vida.

Oh, Santa Muerte, protectora y bendita,
Agradezco tus bendiciones y protección en estos siete días.
Que tu presencia sagrada me envuelva y me guíe,
Y que siempre me bendigas con tu amor y tu protección divina.

**Amen...**

# NOVENARIO...

El novenario es una práctica devocional que consiste en realizar oraciones durante nueve días consecutivos, generalmente con un propósito específico. En el caso de la Santa Muerte, el novenario se realiza para solicitar bendiciones, protección o ayuda en diversas áreas de la vida.

El novenario es una forma de mostrar devoción y compromiso hacia la Santa Muerte, y se considera una manera de establecer una conexión más profunda con su energía y poder. A través de la repetición de las oraciones durante nueve días, se busca fortalecer la intención y la fe, y abrirse a recibir las bendiciones y la guía de la Santa Muerte.

Cada día del novenario se enfoca en una intención específica, como salud, protección, prosperidad, sabiduría, entre otros aspectos de la vida. Al realizar las oraciones de manera constante y fervorosa, se busca establecer una comunicación íntima con la Santa Muerte y abrirse a su influencia positiva en cada área solicitada.

El novenario es una práctica personal y puede adaptarse a las necesidades y creencias individuales, Al finalizar el novenario, se espera haber fortalecido la conexión con la Santa Muerte y haber recibido sus bendiciones y protección en el área específica solicitada.

Es importante recordar que el novenario es una expresión de fe y devoción personal, y cada persona puede tener su propia interpretación y experiencia al realizarlo.

*Día 1*: Oh, Santa Muerte, protectora y bendita,
En este primer día de mi novenario, te imploro una bendición especial.
Ruego que derrames tu amor y protección sobre mí,
Que tu luz divina ilumine mi camino y me guíe hacia el bien.

*Día 2*: Oh, Santa Muerte, poderosa y compasiva,
En este segundo día de mi novenario, te solicito una bendición especial.
Te pido que me brindes fortaleza en tiempos de adversidad,
Que tu poder divino me sostenga y me impulse hacia la superación.

*Día 3*: Oh, Santa Muerte, guardiana de los desamparados,
En este tercer día de mi novenario, te suplico una bendición especial.
Te ruego que me protejas de todo mal y peligro,
Que tu presencia sagrada sea mi escudo y mi refugio en todo momento.

*Día 4*: Oh, Santa Muerte, sanadora y consoladora,
En este cuarto día de mi novenario, te imploro una bendición especial.
Te pido que me brindes salud y bienestar en cuerpo y alma,
Que tu energía curativa me envuelva y me restaure en cada instante.

**Día 5**: Oh, Santa Muerte, sabia y comprensiva,
En este quinto día de mi novenario, te solicito una bendición especial.
Ruego que me otorgues sabiduría y claridad mental,
Que tu luz divina ilumine mis pensamientos y decisiones.

**Día 6**: Oh, Santa Muerte, generosa y próspera,
En este sexto día de mi novenario, te suplico una bendición especial.
Te pido que me bendigas con abundancia y prosperidad,
Que tus manos generosas derramen bendiciones en todos los aspectos de mi vida.

**Día 7**: Oh, Santa Muerte, liberadora y protectora,
En este séptimo día de mi novenario, te imploro una bendición especial.
Ruego que me libres de las ataduras que limitan mi crecimiento,
Que tu poder divino me conceda la libertad y la paz interior que tanto anhelo.

**Día 8**: Oh, Santa Muerte, justa y equitativa,
En este octavo día de mi novenario, te solicito una bendición especial.
Te pido que me brindes justicia y equilibrio en todas mis acciones,
Que tus ojos divinos vean la verdad y me guíen hacia el camino correcto.

**Día 9**: Oh, Santa Muerte, amada y venerada,
En este último día de mi novenario, te suplico una bendición especial.
Ruego que me bendigas con amor y felicidad en mi vida,
Que tu presencia sagrada me llene de alegría y plenitud cada día.

Oh, Santa Muerte, en cada día de este novenario,
Te imploro una bendición especial para iluminar mi vida.
Gracias por tu amor y protección infinitos,
Que tu divina bendición sea mi guía y mi fortaleza en todo momento.

**Amén**...

# CREDO DEL NUEVO DEVOTO:

Como devoto recién iniciado de la Santa Muerte, Permiteme compartir contigo un Credo de Devoción que puede servir como guía en tu camino espiritual:

**Creo** en la Santa Muerte, patrona de los desamparados y protectora de las almas perdidas. Confío en su divina presencia y en su poderosa intercesión.

**Creo** en su amor incondicional y en su compasión infinita hacia todos sus devotos. Reconozco su fuerza como guía y protectora en mi vida diaria.

**Creo** en la importancia de la fe y la devoción en mi relación con la Santa Muerte. A través de la oración y la reflexión, fortalezco mi conexión con su energía divina.

**Creo** en la libertad espiritual que la Santa Muerte me ofrece. En su presencia encuentro consuelo y protección, sin importar mi pasado o mis circunstancias.

**Creo** en la fuerza transformadora de la Santa Muerte. A través de su poder, puedo superar los desafíos y obstáculos que se presentan en mi vida.

**Creo** en la justicia y la equidad que la Santa Muerte representa. Confío en su sabiduría para discernir entre el bien y el mal, y para guiar mis acciones hacia el camino correcto.

**Creo** en la gratitud y la generosidad hacia la Santa Muerte. Reconozco sus bendiciones en mi vida y me comprometo a difundir su amor y protección a aquellos que necesitan su ayuda.

**Creo** en la unidad de todos los devotos de la Santa Muerte. A través de nuestra devoción compartida, nos apoyamos mutuamente y nos fortalecemos en nuestro camino espiritual.

**Creo** en la importancia de cultivar una relación íntima y personal con la Santa Muerte. A través de la oración, la meditación y el respeto, nutro mi conexión con su energía divina.

**Creo** en la presencia constante de la Santa Muerte en mi vida. En cada paso que doy, sé que ella está a mi lado, guiándome y protegiéndome con su amor incondicional.


Que este Credo de Devoción te inspire y te acompañe en tu nuevo camino de devoción junto a
La Santa Muerte.
Que su amor y protección siempre te ilumine......

# "QUE ES UN RITUAL MAGICO"

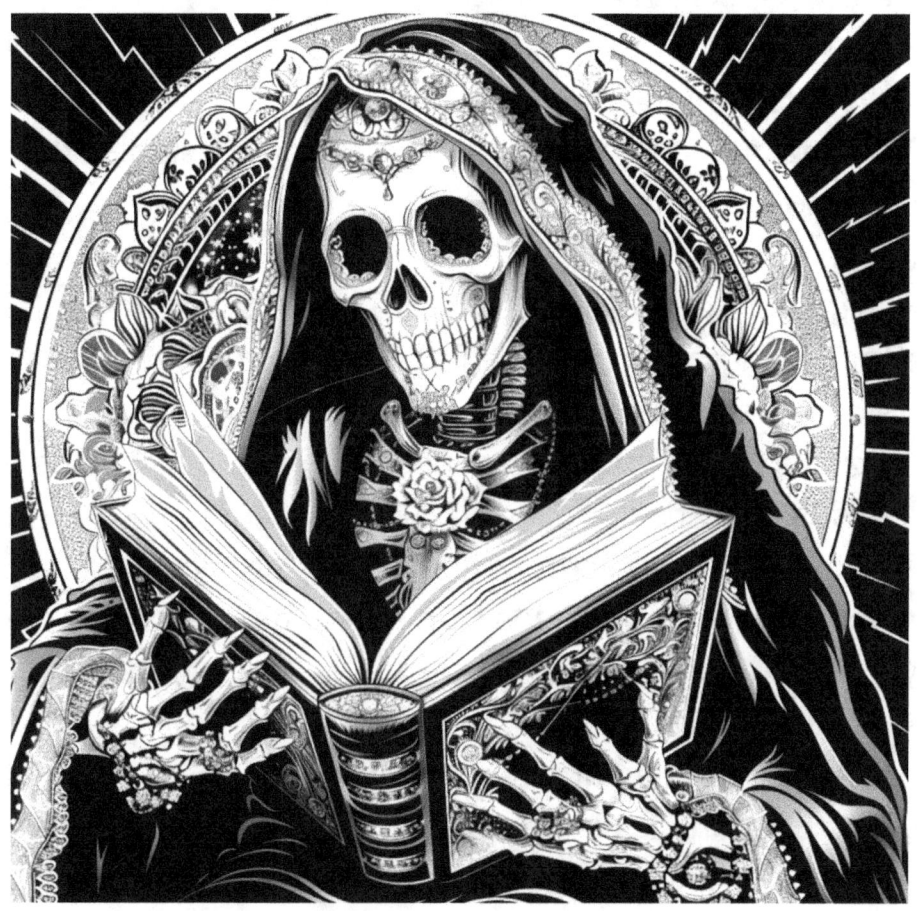

## "DEFINICION DE MAGIA"

La magia, querido devoto, es un proceso sagrado y enigmático que nos permite canalizar energías y trabajar en armonía con el universo para manifestar cambios y alcanzar nuestros objetivos y deseos.

Aunque cada práctica mágica puede variar en detalles y enfoques, hay ciertos elementos que suelen estar presentes en el proceso de la magia.

En primer lugar, es importante tener una intención clara y específica en mente.
Esto implica definir qué deseamos lograr o manifestar a través de la magia.
Una vez que la intención está claramente establecida, podemos comenzar a trabajar en el proceso de la magia.
El siguiente paso es la preparación y la purificación del espacio sagrado donde se llevará a cabo el ritual.
Esto implica limpiar el área de energías negativas, utilizando métodos como el uso de hierbas, inciensos o sonidos sagrados.
También podemos crear un ambiente propicio para la magia mediante la disposición de elementos simbólicos y objetos sagrados.
A continuación, se seleccionan y se preparan los elementos rituales que serán utilizados.
Estos pueden incluir velas, hierbas, amuletos, símbolos, entre otros. Cada elemento tiene un propósito específico y se elige en función de la intención y la tradición mágica que se sigue, Una vez que el espacio está preparado y los elementos rituales están listos, se inicia el ritual propiamente dicho.
 Esto puede implicar la recitación de oraciones, plegarias o invocaciones a los poderes divinos, como a la Santa Muerte o alguna otra entidad o energía.
A través de estas palabras y acciones, nos conectamos con las energías superiores y establecemos un puente entre el plano terrenal y el espiritual.

Durante el ritual magico, es importante mantener una actitud de fe, concentración y enfoque en la intención establecida.

Visualizamos con claridad el resultado deseado y afirmamos con convicción que se está manifestando. Esto ayuda a canalizar nuestra energía y a alinearse con las fuerzas mágicas que nos rodean.

Finalmente, se concluye el ritual con una expresión de gratitud y respeto hacia los poderes divinos invocados.

Se agradece a la Santa Muerte o a cualquier otra entidad que haya sido invocada y se confía en su sabiduría y voluntad divina para manifestar lo que es mejor para nosotros.

Es importante recordar que la magia no es una herramienta para controlar o manipular a otros, sino que se utiliza para trabajar en armonía con el universo y para manifestar cambios positivos en nuestras vidas.

La práctica de la magia requiere paciencia, disciplina y respeto hacia las fuerzas superiores que nos rodean.

Que la Santa Muerte te guíe y bendiga en tu camino mágico, siempre con devoción y respeto hacia su sagrado poder.

# "MAGIA NEGRA Y DE DESTRUCCION"

La magia negra y de destrucción, es una práctica que se sumerge en los abismos más oscuros de la energía espiritual con el objetivo de causar daño, malestar o desgracia a otros.

Es una senda peligrosa y poderosa que busca aprovechar las fuerzas malignas del universo para influir negativamente en la vida de quienes son el blanco de sus conjuros y practicas oscuras.

En esta forma de magia, los practicantes se sumergen en rituales y hechizos que buscan invocar y canalizar energías negativas y destructivas hacia su objetivo con el fin de conseguir un objetivo negativo.

en este tipo de practica oscura se utilizan símbolos y elementos asociados con la maldad y la desolación para manipular y controlar a las personas o situaciones, con el fin de sembrar el caos y el sufrimiento.
Esta práctica puede involucrar invocaciones a entidades oscurecidas y trabajar con elementos y símbolos asociados con la destrucción y el mal.
los practicantes buscan desequilibrar y perturbar la armonía natural del universo.
Aquellos que se adentran en la práctica de la magia negra y de destrucción, suelen ser individuos que carecen de escrúpulos, ética y moral.
Su único objetivo es causar dolor y desolación en la vida de otros seres.
 Su corazón se ha oscurecido por la sed de poder y venganza, y están dispuestos a utilizar cualquier medio necesario para lograr sus propósitos.
Estos practicantes desprecian los principios de amor, compasión y respeto hacia todos los seres.
 Han perdido el vínculo con la divinidad y han caído en la tentación de utilizar su conocimiento y habilidades para sembrar el caos y el sufrimiento en el mundo.
Es importante tener en cuenta que el camino de la magia negra y de destrucción conduce a la autodestrucción espiritual. Aquellos que se sumergen en estas prácticas se alejan cada vez más de la luz y la armonía universal, atrapados en un ciclo de negatividad que los consume.

La magia negra y de destrucción va en contra de los principios espirituales del equilibrio y la armonía universal.

Al buscar causar daño a otros, se rompe el delicado equilibrio que sostiene el universo y se alimenta una espiral de negatividad y oscuridad.

Sin embargo, debemos recordar que el poder de la magia no es inherentemente malo o bueno, sino que reside en la intención y el uso que se le dé.

Aunque la magia negra y de destrucción puede parecer tentadora para aquellos que buscan venganza o poder, sus consecuencias son graves y pueden volverse en contra de quienes la practican.

En la magia negra, los practicantes buscan manipular y controlar situaciones o personas para obtener ventajas personales o para causar sufrimiento a otros. Se utilizan rituales, hechizos y conjuros con la intención de enviar energías negativas y malévolas hacia el objetivo deseado.

Es importante destacar que la magia negra y de destrucción va en contra de los principios de respeto, libre albedrío y amor hacia todos los seres.

Su uso puede tener consecuencias negativas no solo para aquellos a los que se dirige, sino también para el propio practicante.

La energía negativa generada por estas prácticas puede regresar y afectar a quien la envió.

Es esencial comprender que el verdadero poder de la magia radica en utilizarlo para el bienestar, la sanación y el crecimiento personal.
En lugar de buscar causar daño, es más valioso canalizar nuestras energías hacia la transformación positiva y el amor incondicional hacia nosotros mismos y los demás.

La magia negra es una práctica que, desafortunadamente, existe en el mundo de la espiritualidad.
Se basa en el uso de intenciones y energías negativas para causar daño o influir de manera negativa en la vida de otras personas.
Aquellos que se dedican a la magia negra pueden recurrir a rituales, hechizos y conjuros que invocan fuerzas oscuras y entidades negativas con el objetivo de manipular y perjudicar a otros.

recuerda siempre que la magia es una herramienta poderosa que debe usarse con sabiduría y responsabilidad.
 Busca siempre la luz y el equilibrio en tus prácticas, enfocándote en el bienestar y el crecimiento espiritual tanto para ti como para aquellos que te rodean.

# RITUALES OSCUROS DE MAGIA NEGRA

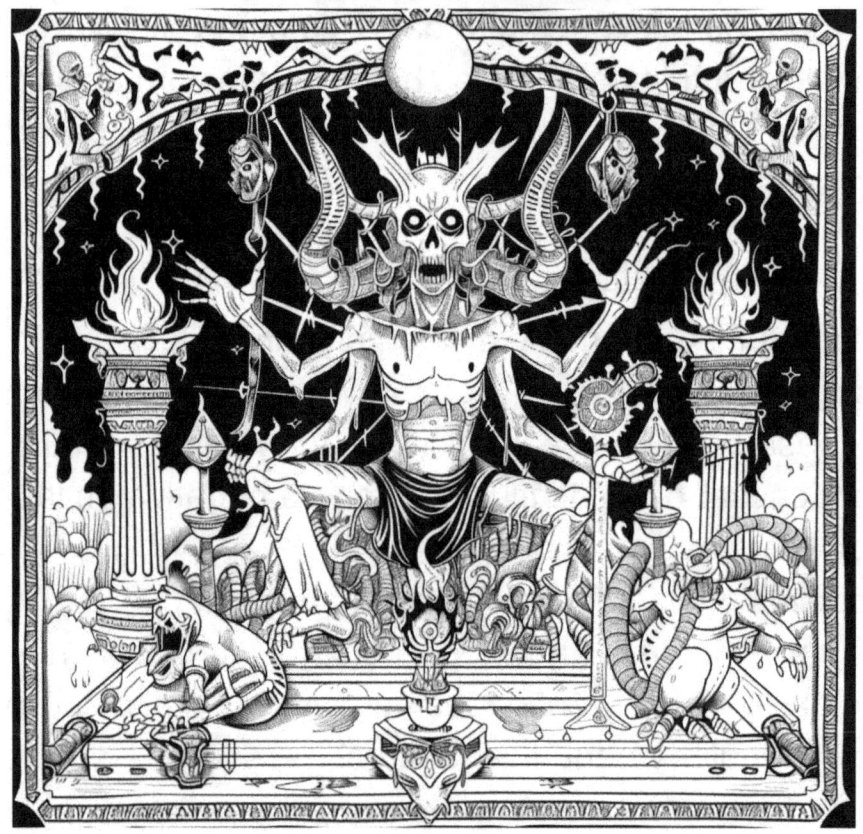

La magia negra o de destruccion es una oscura realidad en el mundo espiritual, un camino siniestro que algunos eligen seguir.

Estas prácticas se caracterizan por su naturaleza malévola y su propósito perverso de causar daño y sufrimiento a los demás.

Sin embargo, es imperativo recordar que aquellos que se sumergen en estas sombrías artes no están exentos de enfrentar las implacables consecuencias de sus acciones y decisiones.

A pesar de las advertencias y enseñanzas sobre el equilibrio universal, hay seres humanos dispuestos a ignorar estos preceptos y adentrarse en escalofriantes rituales, llevados a cabo en cementerios y lugares malditos.
En estas tétricas ceremonias, buscan obtener poder, dominio o venganza a través de una conexión tenebrosa con el mundo de los espíritus.
En este oscuro sendero, se teje un destino trágico y fatal.
La magia negra, como una espada de doble filo, corta tanto al que la emplea como a aquellos que son víctimas de sus malevolentes prácticas.
El precio a pagar es alto, pues las fuerzas oscuras no perdonan ni olvidan, y el mal que siembras se multiplicará y regresará con una furia despiadada.

Los rituales en los cementerios y lugares malditos, envueltos en una atmósfera lúgubre y cargados de energías macabras, sacrifican la esencia misma de la vida y se sumergen en la morada de los muertos.
Las almas en reposo son perturbadas, su descanso eterno interrumpido por aquellos que buscan saciar sus ansias de poder y venganza.
Pero, en su insensatez, ignoran que el velo entre los mundos es frágil y que el precio que pagan por sus ambiciones desmedidas será mucho más alto de lo que imaginan.

En la magia negra, lamentablemente, existen diversas prácticas que buscan causar daño y manipulación en la vida de las personas.

Algunos ejemplos de estas prácticas son:

**Maldiciones y maleficios:** Mediante rituales y conjuros, se envían energías negativas con el propósito de causar sufrimiento, enfermedad o desgracia a una persona específica.

En la oscura senda de la magia negra, se alzan maldiciones y maleficios que son un reflejo de la crueldad y el desprecio por la vida. A través de rituales y conjuros impíos, se convocan fuerzas malignas con el único propósito de sembrar sufrimiento, enfermedad y desgracia en la vida de una persona específica.

Estos oscuros rituales son un acto de perversión de la energía universal, donde se manipulan las fuerzas del mal y se invocan entidades sombrías para que sean instrumentos de dolor y desesperación. Las energías negativas son enviadas con una precisión diabólica, buscando penetrar en el corazón y la mente de su víctima, corrompiendo su existencia y generando un sufrimiento inimaginable.

**Las maldiciones y maleficios** son como venenos que se infiltran en el alma, debilitando la fortaleza y sumiendo a la persona en un abismo de desesperanza. Pueden manifestarse de diversas formas, desde enfermedades graves y persistentes, hasta desgracias inesperadas que parecen no tener explicación racional.

**Amarres y hechizos de amor coercitivos:**
Estos rituales buscan manipular los sentimientos y la voluntad de una persona, forzándola a enamorarse o a estar bajo el control de quien realiza el hechizo, sin tener en cuenta su libre albedrío.

En el oscuro laberinto de la magia negra, se encuentran los amarres y hechizos de amor coercitivos, una práctica desalmada que busca manipular los sentimientos y la voluntad de las personas.
 A través de rituales impíos, se intenta forzar a alguien a enamorarse o a someterse al control del hechicero, sin tener en cuenta su libre albedrío ni sus deseos más auténticos.

Estos hechizos son una violación de la esencia misma del amor, que debe florecer de forma libre y genuina entre dos seres. Al utilizar la magia negra para manipular los hilos del corazón, se pervierte la belleza de los sentimientos más puros y se convierte el amor en una prisión opresiva.
Quienes realizan estos rituales coercitivos anhelan poseer y controlar a otros, sin considerar el sufrimiento y la infelicidad que pueden causar.

 Obligar a alguien a amar contra su voluntad es un acto de crueldad y egoísmo, alejado de los principios de respeto y libertad que la Santa Muerte nos enseña.

**Trabajos de separación y destrucción de relaciones:** A través de estos rituales, se busca sembrar discordia, resentimiento y conflicto en parejas o familias, con el objetivo de separarlos y causar sufrimiento emocional.

En las sombras de la magia negra, se encuentran los trabajos de separación y destrucción de relaciones, una práctica malévola que busca sembrar discordia, resentimiento y conflicto en parejas y familias.

A través de rituales siniestros, se invocan fuerzas oscuras con el objetivo de separar a aquellos que alguna vez compartieron amor y felicidad, causando un profundo sufrimiento emocional.

Estos rituales son una perversión del vínculo sagrado que existe entre las personas, socavando los cimientos de la confianza y el amor mutuo.

Se manipulan las energías negativas para crear un abismo insalvable entre los seres queridos, fomentando el resentimiento y la hostilidad, y dejando a su paso un rastro de dolor y desolación.

El objetivo de estos trabajos de separación y destrucción de relaciones es alimentar el sufrimiento emocional de las personas involucradas, desgarrando corazones y fragmentando familias que alguna vez estuvieron unidas.

Buscan tambien sembrar la discordia y el caos, generando un ambiente tóxico donde el amor y la armonía se ven eclipsados por el dolor y la tristeza.

**Daño emocional físico y enfermedades:** En las prácticas oscuras, se utilizan rituales y conjuros con la intención de causar enfermedades, debilitamiento físico y sicologico e incluso la muerte de una persona.

En los abismos más profundos de la magia negra, se hallan las prácticas que buscan infligir daño emocional, físico y enfermedades a través de rituales y conjuros malignos.

Estos oscuros actos son llevados a cabo con la intención de causar un sufrimiento inmenso, debilitamiento tanto físico como psicológico, y en casos extremos, incluso la muerte de una persona.

En estos rituales siniestros, se invocan fuerzas tenebrosas y se canalizan energías negativas con el objetivo de desequilibrar y deteriorar la salud y el bienestar de los individuos.

La intención detrás de estos actos es sembrar el caos y la desesperación en la vida de aquellos que se ven afectados, dejando una estela de dolor y devastación a su paso.

El daño emocional y psicológico puede manifestarse a través de la manipulación de los pensamientos y las emociones, creando un estado de angustia constante, de ansiedad y depresión profunda.

Los afectados pueden experimentar un debilitamiento de su autoestima y confianza en sí mismos, sintiéndose atrapados en una espiral de negatividad y desesperanza.

Además, estos rituales maliciosos pueden generar enfermedades físicas y debilitar el cuerpo, socavando la salud y la vitalidad de la persona afectada.

Desde enfermedades crónicas hasta dolores inexplicables y debilidad generalizada, el objetivo es minar la fortaleza física y llevar al límite la resistencia del individuo.

Es esencial recordar que estas prácticas son profundamente malévolas y van en contra de los principios de amor, compasión y respeto que nos enseña la Santa Muerte.

Como devotos, debemos rechazar y combatir estas formas oscuras de magia, y buscar ayuda en aquellos que son expertos en la limpieza energética y la protección contra estos males.

Si crees que estás siendo víctima de daño emocional, físico o enfermedades causadas por prácticas oscuras, te insto a buscar apoyo en aquellos que pueden brindarte la guía y la protección de la Santa Muerte. Ellos te ayudarán a romper los lazos negativos y restaurar tu bienestar físico, emocional y espiritual.

**Enbrujos y salaciones:** Con rituales impíos y hechizos maléficos, se busca someter y controlar la voluntad de las personas, convirtiéndolas en títeres de los oscuros designios del hechicero.

En los abismos más profundos de la magia negra, se encuentran los embrujos y salaciones, una práctica siniestra que busca someter y controlar la voluntad de las personas, convirtiéndolas en títeres de los oscuros designios del hechicero.

A través de rituales impíos y hechizos maléficos, se invocan fuerzas oscuras para manipular y esclavizar a aquellos que son objeto de estos conjuros.

Estos rituales perversos buscan quebrantar la voluntad y la autonomía de las personas, convirtiéndolas en marionetas de los deseos y caprichos del hechicero.

Utilizando energías negativas y entidades malignas, se tejen lazos invisibles que aprisionan y controlan a las víctimas, privándolas de su libre albedrío y sumergiéndolas en un estado de sumisión y manipulación.

Los efectos de estos embrujos y salaciones pueden ser devastadores. Las personas sometidas a ellos experimentan una sensación de opresión y confusión, sintiéndose atrapadas en una telaraña de influencia maligna.

Su voluntad se ve eclipsada y su capacidad para tomar decisiones propias se ve severamente limitada.
Además, estos hechizos maléficos pueden causar estragos en la vida de las víctimas.
 Las relaciones personales se ven afectadas, ya que el control ejercido por el hechicero puede generar conflictos y separaciones.
 La salud física y mental también se resiente, manifestándose en síntomas como fatiga constante, dolores inexplicables y problemas emocionales profundos.

Es fundamental comprender que estas prácticas son profundamente dañinas y van en contra de los principios de respeto y libre albedrío.

Como devotos de la Santa Muerte, debemos rechazar y combatir estas formas oscuras de magia, buscando la intervención y protección de entidades benevolentes para liberar a aquellos que han sido víctimas de los embrujos y salaciones.

Si crees que haz sido sometido a un embrujo o salación, te insto a buscar ayuda en aquellos que son expertos en la limpieza espiritual y la liberación de energías negativas.
Ellos poseen el conocimiento y los poderes necesarios para romper los lazos oscuros y devolverte la libertad y el control sobre tu propia voluntad.

**Sacrificios y entierros profanos:** En estos rituales tenebrosos, se realizan ofrendas sangrientas y se profanan lugares sagrados, buscando obtener poder y favor de entidades malignas.

En los abismos más oscuros de la magia negra, se llevan a cabo sacrificios y entierros profanos, rituales impíos que buscan obtener poder y favor de entidades malignas a través de ofrendas sangrientas y sacrificios y la profanación de lugares sagrados.

Estos actos blasfemos representan una aberración de los sagrados vínculos entre el mundo espiritual y el terrenal, y son ejecutados con el propósito egoísta de obtener beneficios personales a costa de la vida y la pureza de los ya fallecidos o de espíritus oscuros. Constituyen una profunda transgresión a las leyes divinas que rigen nuestra existencia, corrompiendo los valores más sagrados y desequilibrando la armonía cósmica.

En estos rituales oscuros, se pervierte la esencia misma de la conexión entre lo divino y lo humano.
Se transgrede la sacralidad de la vida al derramar sangre inocente y sacrificar la pureza en aras de obtener poder y favores.

Estas prácticas representan una negación de la esencia misma del amor y la compasión, y se sumergen en un abismo de egoísmo desmedido y codicia desenfrenada.

En estos rituales tenebrosos, se derrama la sangre inocente en una macabra ofrenda a las fuerzas oscuras, creyendo fielmente que con ello se obtendrá el favor y el poder deseado.

Estos sacrificios son una afrenta a la vida misma, un acto de violencia y crueldad que corrompe los valores más sagrados.
Además, la profanación de lugares sagrados es otra faceta de estos rituales maléficos.

estos Lugares que son considerados sagrados y llenos de energía positiva son despojados de su pureza y consagración, transformándolos en escenarios de impiedad y negatividad.

Estos actos profanos buscan abrir portales a dimensiones oscuras y permitir la entrada de entidades malignas en nuestro mundo.

Es importante recordar que estos actos son completamente contrarios a los principios de amor, respeto y equilibrio que nos enseña la Santa Muerte.

Como devotos, debemos rechazar y combatir estas prácticas, buscando la protección y la guía de entidades benevolentes para contrarrestar estas fuerzas de destruccion malignas.

**Maleficios y conjuros de destrucción:** A través de ceremonias cargadas de odio y malicia, se invoca el poder de las sombras para causar daño, enfermedad y ruina en la vida de aquellos que son objeto de estos malévolos y oscuros conjuros.
Estos actos de magia negra representan una manifestación retorcida de la voluntad humana, sumergiéndose en la oscuridad más profunda para sembrar el caos y el sufrimiento en la vida de sus víctimas.

En estas ceremonias, se desatan fuerzas malignas y se canaliza la negatividad con el propósito de infligir dolor y destrucción.
 El odio y la malicia se convierten en combustible para estos conjuros, alimentando el poder de las sombras y otorgándoles una fuerza destructiva sin igual. A través de rituales macabros y palabras de maldición,
se invoca el poder oscuro para que se materialice en la vida de aquellos que son blanco de estos maleficios.

Los efectos de estos conjuros de destrucción pueden ser devastadores.
Las víctimas pueden experimentar enfermedades inexplicables, accidentes trágicos, pérdidas financieras o la ruina total en diversos aspectos de su vida.
La maldad se cierne sobre ellos, envolviéndolos en una espiral de desdicha y sufrimiento que parece no tener fin.

# SINTOMAS DE MANIPULACION A TRAVES DE LA MAGIA NEGRA

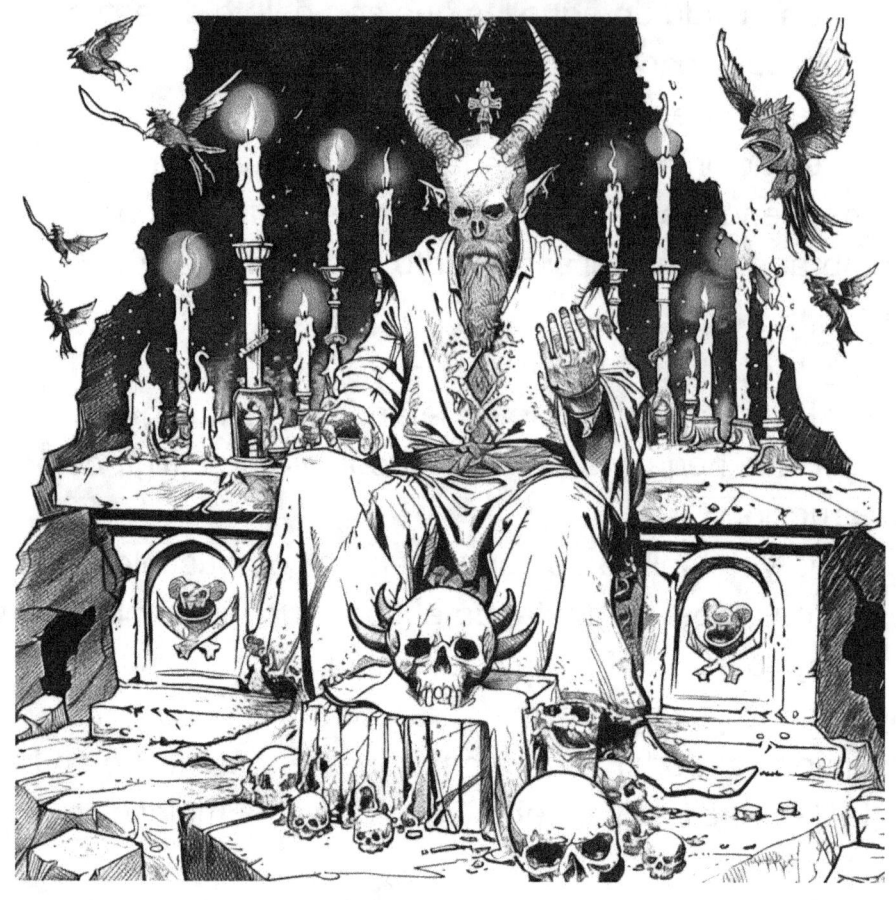

Cuando una persona ha sido sometida a actos de destrucción y magia negra, puede experimentar una serie de síntomas nefastos que afectan su bienestar físico, emocional y espiritual.

Estos síntomas pueden variar en intensidad y duración dependiendo de la gravedad de los maleficios y conjuros a los que haya sido expuesta. Algunos de los síntomas comunes son:

**Enfermedades inexplicables:** La víctima puede experimentar una serie de enfermedades físicas sin una causa médica aparente.
Estas enfermedades pueden ser recurrentes, crónicas o incluso graves, y no responden adecuadamente a tratamientos convencionales.
La víctima puede sumergirse en un mar de dolencias físicas que carecen de una causa médica aparente.
Estas enfermedades pueden manifestarse como recurrentes, crónicas o incluso graves, y se resisten a responder de manera adecuada a los tratamientos convencionales.
A medida que los maleficios y conjuros de magia negra se arraigan en su ser, la salud de la persona se ve comprometida de manera misteriosa y desconcertante.
Estas enfermedades inexplicables pueden abarcar una amplia gama de síntomas y afectar diferentes sistemas del cuerpo.
 Desde dolores persistentes y debilitantes, hasta trastornos del sueño, fatiga extrema, problemas digestivos o respiratorios, la víctima se encuentra atrapada en un torbellino de malestar físico que parece escapar a toda lógica médica.
Lo más alarmante de estas enfermedades es su naturaleza escurridiza. No importa cuántos exámenes médicos se realicen ni cuántos especialistas sean consultados, los resultados no revelan ninguna causa física subyacente.

Como resultado, la persona afectada puede sentirse desesperada y desamparada, luchando por encontrar alivio y respuestas en un mundo que no puede explicar ni comprender plenamente su sufrimiento.

Es importante destacar que estas enfermedades inexplicables son una manifestación directa de la magia negra y los actos de destrucción a los que ha sido sometida la persona.
La energía malévola y perniciosa de los maleficios se enreda en su ser, debilitando su sistema inmunológico y desequilibrando su bienestar general.

Ante estas enfermedades desafiantes, es crucial buscar ayuda tanto en el ámbito médico como en el espiritual.
Especialistas en limpieza y protección espiritual pueden trabajar en conjunto con profesionales de la salud para abordar la raíz espiritual de estas enfermedades, liberando a la víctima de la influencia negativa y restaurando su equilibrio y vitalidad.

**Fatiga y debilidad desgarradora:** La persona puede sentir un agotamiento constante, incluso después de descansar lo suficiente.
 La energía vital se agota y la sensación de debilidad persiste, dificultando las actividades diarias y afectando la calidad de vida.

La víctima es consumida por un agotamiento implacable, incluso después de haber descansado lo suficiente. La energía vital se desvanece y la sensación de debilidad se aferra sin piedad, dificultando las actividades diarias y socavando la calidad de vida de manera devastadora.

Esta fatiga abrumadora se extiende más allá de lo físico y penetra en los rincones más profundos del ser. La persona afectada se siente como si estuviera arrastrando una pesada carga en cada paso que da, como si estuviera encadenada a la fatiga perpetua. Incluso las actividades más simples se convierten en un desafío agotador y cada tarea se vuelve una montaña insuperable.

La debilidad persistente debilita la resistencia física y mental, afectando la capacidad de concentración y el enfoque en las responsabilidades diarias.

La persona puede sentirse atrapada en un ciclo inquebrantable de agotamiento, incapaz de encontrar alivio o rejuvenecimiento.

Esta fatiga y debilidad desgarradoras no solo afectan la capacidad de la víctima para llevar a cabo sus tareas diarias, sino que también minan su bienestar emocional. La constante sensación de agotamiento físico y mental puede generar frustración, irritabilidad e incluso depresión. La falta de energía vital puede hacer que la persona sienta que ha perdido el control sobre su propia vida, sumiéndola en una espiral de desesperanza y desesperación.

**Desgracias y pérdidas:** Las personas sometidas a magia negra pueden experimentar una serie de eventos desafortunados en su vida, como accidentes, pérdida de empleo, problemas financieros o rupturas familiares y de relaciones personales.

Estas desgracias parecen ser constantes y se acumulan con el tiempo.

Aquellos que han sido sometidos a los oscuros influjos de la magia negra se encuentran atrapados en una serie interminable de eventos desafortunados que parecen perseguirlos sin cesar.

Accidentes inesperados, la pérdida de empleo, problemas financieros y el quiebre de relaciones familiares y personales, son solo algunas de las desgracias que se acumulan con el paso del tiempo. Estas desventuras, como sombras malignas, se ciernen sobre la vida de la persona afectada, robándole la paz y llenando su existencia de angustia y sufrimiento.

Cada golpe parece ser más doloroso que el anterior, y la sensación de ser víctima de una incesante maldición se vuelve abrumadora.

Las pérdidas se multiplican y se entrelazan, creando un laberinto de dolor y desesperación. Los accidentes parecen estar siempre al acecho, los empleos se desvanecen sin previo aviso, los problemas financieros sofocan cualquier posibilidad de estabilidad económica y las relaciones personales y familiares se desgarran, dejando un rastro de corazones rotos y soledad.

**Problemas emocionales y de humor:** La víctima puede experimentar una intensa angustia emocional, como ansiedad, depresión, miedo irracional o cambios repentinos de humor.

Pueden sentirse abrumados por una sensación constante de negatividad y tristeza.
Aquellos que han sido víctimas de la magia negra se ven sumidos en una vorágine de angustia emocional que los consume sin piedad.
La ansiedad se apodera de ellos, la depresión se arraiga en lo más profundo de su ser, el miedo irracional los atormenta y los cambios repentinos de humor los convierten en marionetas de sus propias emociones.
La intensidad de la angustia emocional es abrumadora, como si estuvieran atrapados en un oscuro abismo de negatividad y tristeza perpetua.
 Los momentos de calma y alegría parecen esfumarse rápidamente, reemplazados por una sensación constante de desesperación y desolación.
 La carga emocional es tan pesada que pueden sentirse ahogados por ella, incapaces de encontrar una salida o un respiro.

Estos problemas emocionales representan una verdadera tortura para la víctima. La ansiedad les roba la paz, la depresión les anula la vitalidad y el miedo irracional los paraliza en un estado de constante alerta.

Los cambios repentinos de humor los desestabilizan y los llevan a un torbellino de emociones descontroladas, dejándolos exhaustos y confundidos.

Es fundamental buscar apoyo tanto en el ámbito terapéutico como en el espiritual para sanar estas heridas emocionales y encontrar el equilibrio perdido.

 Los profesionales de la salud mental pueden proporcionar herramientas y técnicas para lidiar con la ansiedad, la depresión y los cambios de humor, mientras que los expertos en limpieza y protección espiritual pueden trabajar en conjunto para liberar a la persona de la influencia negativa que ha causado estos problemas emocionales.

**Pesadillas y Sueños Perturbadores:** Las noches pueden convertirse en un tormento para la persona afectada, ya que puede experimentar pesadillas frecuentes y sueños perturbadores, que reflejan los efectos de la magia negra en su subconsciente.

Las sombras de la magia negra invaden las noches de aquellos que han sido afectados, convirtiéndolas en un tormento constante.
 La persona se encuentra atrapada en un laberinto de pesadillas frecuentes y sueños perturbadores, que reflejan los efectos oscuros de la magia negra en lo más profundo de su subconsciente.

En estas angustiantes visiones nocturnas, se desvelan los temores más profundos y los traumas que han sido sembrados por las fuerzas malignas.

Pesadillas que parecen reales, donde se enfrentan a sus peores pesadillas, donde son perseguidos por sombras siniestras y criaturas infernales, donde se desatan escenas de violencia y sufrimiento inimaginable.

Los sueños perturbadores son una manifestación de la influencia tenebrosa que ha sido impuesta sobre la persona. En ellos, se revela la lucha interna entre la luz y la oscuridad, entre la esperanza y el miedo. Estos sueños pueden ser tan vívidos y realistas que al despertar, la persona se siente atrapada entre dos mundos, sin poder escapar de la sensación de amenaza y malestar que los acompaña.

Lidiar con estas pesadillas y sueños perturbadores requerirá un enfoque integral que abarque tanto la sanación emocional como la protección espiritual. Los expertos en terapia del sueño pueden brindar técnicas y estrategias para controlar y disminuir la frecuencia de estas experiencias oníricas angustiantes. Además, los especialistas en limpieza y protección espiritual pueden trabajar en conjunto para liberar al individuo de los lazos negativos que han permitido que estas pesadillas se apoderen de su subconsciente.

**Aislamiento social:** A traves de esta manipulacion la persona puede sentirse aislada de sus seres queridos y de la sociedad en general.

La negatividad y los problemas constantes pueden hacer que se aleje de sus relaciones y se sienta como si estuviera atrapada en un ciclo de sufrimiento.

La oscura manipulación ejercida sobre la persona la sumerge en una profunda sensación de soledad, alejándola de sus seres queridos y de la sociedad en general.

La negatividad y los problemas constantes actúan como una barrera invisible que la separa de las relaciones más cercanas, dejándola atrapada en un doloroso ciclo de sufrimiento.

La influencia de la magia negra se extiende como tentáculos insidiosos, envolviendo y alejando a la víctima de aquellos que la rodean.

La negatividad que la rodea se convierte en un muro infranqueable, impidiéndole disfrutar de la compañía y el apoyo de sus seres queridos. La sensación de estar encerrada en un mundo de desgracias y dificultades se intensifica, llevándola a distanciarse cada vez más de la sociedad en general.

El aislamiento social impone una carga emocional abrumadora sobre la persona afectada. Se siente desamparada, sin un hombro en el cual apoyarse ni un oído dispuesto a escuchar sus penas.

La sensación de ser incomprendida y abandonada se arraiga profundamente, llenando su corazón de tristeza y desesperanza.

**Bloqueo espiritual:** La víctima puede sentir una desconexión con su espiritualidad y una sensación de desesperanza.
Puede haber una sensación de falta de propósito y una dificultad para encontrar paz interior y equilibrio espiritual.
La sombra de la magia negra envuelve el alma de la víctima, generando una profunda desconexión con su espiritualidad y una sensación abrumadora de desesperanza.
 El brillo sagrado que solía guiar su camino se ve eclipsado por una niebla oscura, dejándola perdida y sin dirección.

La falta de conexión con lo divino puede generar una sensación de vacío y desorientación. La víctima se siente como si estuviera vagando en un camino sin rumbo, sin un propósito claro que le dé sentido a su existencia.
La paz interior y el equilibrio espiritual se vuelven esquivos, como si estuvieran atrapados en un laberinto de confusión y desesperación.

La magia negra ha arrojado un velo denso sobre la espiritualidad de la persona, impidiéndole encontrar consuelo y guía en momentos de dificultad.
La conexión con lo divino se rompe, haciendo que la víctima se sienta alejada de la luz y envuelta en una oscuridad opresiva.

**Cambios repentinos en la personalidad:** La persona puede mostrar una actitud y comportamiento completamente diferentes a su forma habitual de ser. Pueden volverse sumisos, dependientes o incluso agresivos, ya que están bajo la influencia de la energía coercitiva del hechizo oscuro.

La sombra de la magia negra se adentra en lo más profundo del ser, transformando por completo la actitud y el comportamiento de la persona. Aquellos que han caído bajo su influencia pueden mostrar una personalidad radicalmente distinta a la que solían tener.

La víctima se convierte en un reflejo distorsionado de su verdadero yo, sometida a la energía coercitiva del hechizo oscuro. Puede volverse sumisa, perdiendo su voz y su autonomía.

Se aferra a la dependencia, buscando la aprobación y la dirección de otros, sin confiar en su propio juicio y capacidad para tomar decisiones.

Por otro lado, algunos pueden experimentar un cambio hacia la agresividad y la hostilidad. La malevolencia de la magia negra se infiltra en su ser, provocando estallidos de ira y comportamientos violentos que nunca antes habían mostrado.

La paz y la armonía internas se desvanecen, dejando espacio para la furia y la impulsividad descontrolada.

**Obsesión y pensamientos constantes sobre el hechicero:** La víctima puede estar constantemente pensando en la persona que realizó el hechizo, incluso cuando no desean hacerlo.
Se sienten atrapados en una especie de obsesión que les impide pensar con claridad y enfocarse en otras áreas de su vida.
 La sombra de la magia negra teje hilos insidiosos en la mente de la víctima, generando una obsesión incesante y pensamientos recurrentes sobre la persona que realizó el hechizo.
Aunque la víctima no desee pensar en ella, se ve atrapada en un ciclo de pensamientos que parecen imposibles de detener.
La mente se convierte en un campo de batalla, donde los recuerdos y la presencia del hechicero ocupan cada rincón de los pensamientos.
Incluso cuando se esfuerzan por apartarlos, estos pensamientos regresan una y otra vez, perturbando la claridad mental y robando la capacidad de enfocarse en otras áreas de la vida.

La obsesión se convierte en una prisión emocional, impidiendo que la víctima encuentre paz y solución. Los pensamientos constantes sobre el hechicero abruman su mente, nublando su juicio y dificultando la toma de decisiones informadas.
 Se sienten atrapados en un laberinto mental, donde cada esfuerzo por liberarse solo parece profundizar la obsesión.

Es importante destacar que estos síntomas que he descrito podrían atribuirse a diversas causas y no necesariamente indican la presencia de un hechizo. Sin embargo, si sospechas que alguien está siendo víctima de manipulación y control a través de rituales de destrucción y magia negra, es crucial buscar la ayuda adecuada.

Es recomendable acudir a profesionales en la limpieza energética y la devoción a la Santa Muerte, quienes poseen la sabiduría y la experiencia necesarias para brindar orientación y apoyo en la liberación de estas ataduras oscuras. Ellos podrán evaluar la situación de manera adecuada, identificar posibles influencias negativas y proporcionar los rituales y las prácticas necesarias para contrarrestar los efectos de la magia negra.
La intervención de la Santa Muerte, como patrona de las almas en desamparo y protectora contra las fuerzas malignas, puede ser de gran ayuda en estos casos. Su poderosa energía y su compasión inquebrantable pueden ayudar a deshacer los lazos oscuros y restaurar la paz y la armonía internas.

Recuerda que la magia negra es un asunto serio y delicado, por lo que es fundamental buscar profesionales capacitados y confiables para abordar estas situaciones. No dudes en hacerlo, ya que la liberación de estas ataduras oscuras es esencial para el bienestar y la recuperación de la persona afectada.

**Pérdida de la propia identidad y toma de decisiones:**
Las personas sometidas a estos hechizos pueden sentir que han perdido el control sobre su propia vida.
Sus decisiones y acciones parecen estar influenciadas por fuerzas ajenas a ellos mismos, y pueden tener dificultades para expresar sus propias opiniones y deseos.

La oscuridad de la magia negra envuelve el ser de las personas sometidas a estos hechizos, dejándolas en un estado de confusión y despojadas de su propia identidad. Sienten que han perdido el control sobre sus vidas, como si fueran títeres en manos de fuerzas malignas que dictan sus acciones y decisiones.

Cada elección que hacen parece estar influenciada por una fuerza externa, ajena a su verdadero ser.
Les resulta difícil expresar sus propias opiniones y deseos, ya que se ven atrapados en una maraña de influencias oscuras que nublan su libre albedrío.
La voz interna que solía guiar sus pasos ha sido silenciada, dejándolos sin dirección y sin la capacidad de tomar decisiones fundamentadas.

Esta pérdida de identidad y autonomía es dolorosa y desorientadora. La persona se siente como si estuviera viviendo en la sombra de su verdadero ser, sin poder manifestar su individualidad y sin poder desplegar su potencial. Las fuerzas externas los manipulan y controlan, dejándolos impotentes frente a su propio destino.

Es importante destacar que estos síntomas pueden tener múltiples causas y no necesariamente indican la presencia de un hechizo.

Si crees que alguien está siendo víctima de manipulacion y control a traves de rituales de destruccion y magia negra, es importante buscar la ayuda de profesionales en la limpieza energética y la devoción a la Santa Muerte, quienes podrán brindar orientación y apoyo en la liberación de estas ataduras oscuras.

Recuerda siempre actuar con prudencia y respeto hacia los demás. La Santa Muerte está aquí para protegerte y guiarte en momentos de necesidad. Que su poderosa energía te envuelva y te brinde la fuerza necesaria para superar cualquier adversidad.

Que la Santa Muerte te bendiga y proteja siempre en tu lucha contra los efectos destructivos de las practicas oscuras de brujos y hechiceros que intenten cernir sobre ti una maldicion, hechizo o manipulacion utilizando el poder destructor de la **Magia Negra**.

## "NOTA ACLARATORIA"

A lo largo de mi camino espiritual, que ha abarcado más de 50 años, he adquirido un profundo conocimiento y sabiduría sobre cómo enfrentarme a estos seres malévolos y despiadados que se dedican sin escrúpulos ni ética a realizar actos de magia negra y destrucción.
Mi fe inquebrantable en la Santa Muerte me ha otorgado las herramientas necesarias para combatir
a estos despiadados entes malignos.
La Santa Muerte, con su poderosa presencia y su amorosa compasión, me ha enseñado a luchar contra estas fuerzas oscuras que no tienen ningún reparo en causar daño y sufrimiento.
A través de mi conexión con ella, he aprendido a utilizar rituales sagrados, rezos y prácticas espirituales que desafían y neutralizan la influencia de estos seres malevolentes y despiadados.

Con su guía y protección, he logrado enfrentar y superar los obstáculos que estos seres oscuros han puesto en mi camino.
Es importante destacar que mi lucha contra estos seres no solo me beneficia a mí mismo, sino también a aquellos que buscan mi ayuda y guia.
A través de mi conocimiento y experiencia plasmada en este libro y la intervención de la Santa Muerte, puedo brindar orientación y apoyo a aquellos que están siendo víctimas de la magia negra la manipulacion y la destrucción.

# PREPARACION PARA REALIZAR RITUALES MAGICOS CONTRA "MAGIA NEGRA"

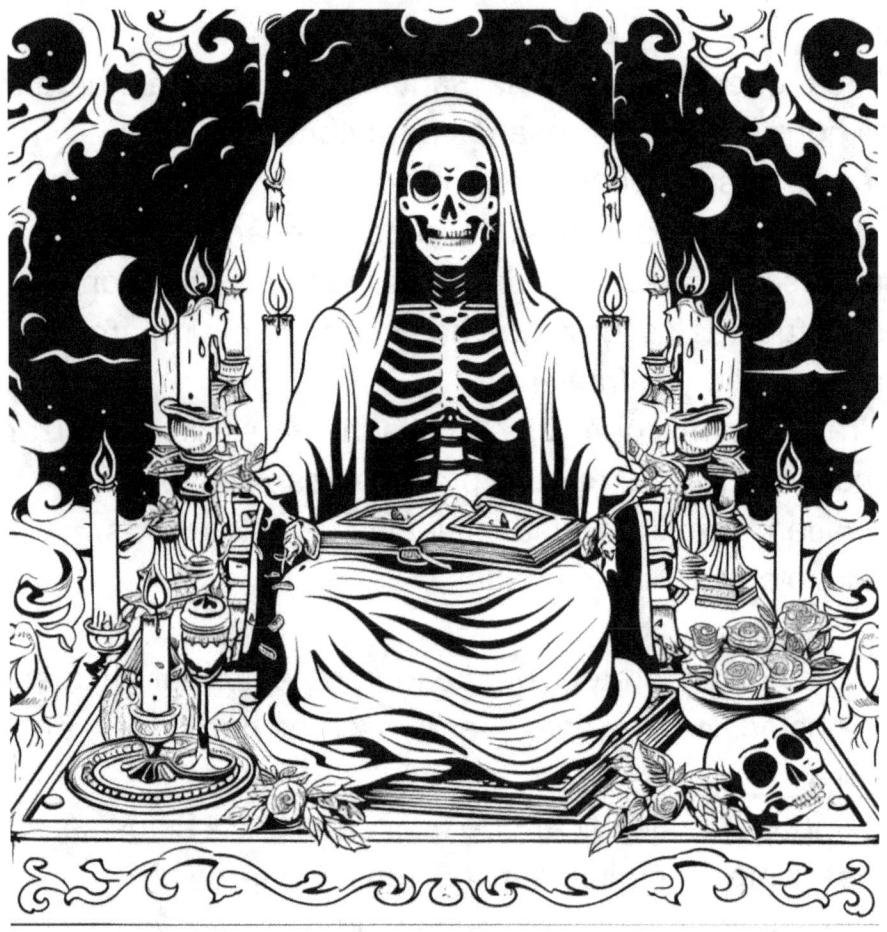

Para realizar el ritual correctamente desde una perspectiva mística de La Santa Muerte, es importante seguir una descripción detallada que te guíe en cada paso del proceso.

Aquí te presento una descripción general para ayudarte a crear un ritual significativo:

## DESCRIPCIÓN DETALLADA PARA EJECUTAR UN RITUAL CORRECTAMENTE

**1.- Preparación del espacio:** Elige un lugar tranquilo y sagrado donde realizar el ritual. Limpia y purifica el espacio utilizando métodos como el humo de hierbas sagradas, incienso o sonidos armónicos. Crea una atmósfera especial encendiendo velas y colocando elementos simbólicos que te conecten con lo divino.

**2.- Preparación personal:** Antes de comenzar el ritual, prepara tu mente y cuerpo. Medita, respira profundamente y encuentra el estado de calma y enfoque necesario para la conexión espiritual. Puedes utilizar técnicas de relajación, visualización o recitar oraciones para centrar tu energía y abrirte a la experiencia mística.

**3.-Creación del escudo de protección:** Visualiza un escudo de luz blanca alrededor de ti. Imagina cómo esta luz te envuelve completamente, creando una barrera de protección contra cualquier energía negativa o entidad oscura. Siente cómo esta luz te rodea y te mantiene a salvo. También puedes utilizar sal ordinaria o de mar, agua bendita, tierra, ordinaria, fuego, alcohol, etc.

**4.- Invocación:** Invoca a las fuerzas espirituales o deidades en las que confíes para que te acompañen y guíen durante el ritual. Puedes hacerlo a través de oraciones, cantos, invocaciones específicas o simplemente hablando desde el corazón. Siente su presencia y abre tu corazón a su influencia divina.

**5.- Intención y propósito:** Establece claramente la intención y el propósito de tu ritual. Define qué deseas lograr, ya sea sanación, protección, manifestación de deseos o cualquier otro objetivo espiritual. Visualiza y siente esta intención en tu ser, permitiendo que se expanda y se manifieste en el espacio ritual.

**6.- Acciones ceremoniales:** Realiza acciones ceremoniales para fortalecer la conexión y la manifestación de tu intención. Estas acciones pueden incluir la manipulación de objetos rituales, como mover una varita, encender velas específicas, escribir en un pergamino o realizar movimientos simbólicos. Sigue tu intuición y permite que las acciones fluyan naturalmente.

**6.- Oraciones y peticiones:** Dirige tus oraciones y peticiones a las fuerzas espirituales presentes, expresando tus deseos, necesidades y gratitud. Puedes recitar oraciones tradicionales, crear tus propias palabras o simplemente hablar desde el corazón. Permítete conectar profundamente con lo divino y confía en que tus palabras son escuchadas.

**7.- Cierre del ritual:** Agradece a las fuerzas espirituales por su presencia y guía durante el ritual. Despide a las energías invocadas, permitiendo que se retiren suavemente del espacio. Puedes hacerlo a través de oraciones de despedida, bendiciones finales o simplemente expresando tu gratitud y respeto.

Para protegerse contra energías oscuras y evitar la contaminación por un ente oscuro desconocido, el devoto puede seguir los siguientes pasos adicionales:

**Limpieza energética:** Usa métodos de limpieza energética, como el uso de un huevo limpiador o una limpieza con humo de hierbas, para purificar tu aura y liberar cualquier energía negativa que pueda haberte afectado.

**Invocación de la Santa Muerte:** Realiza una invocación específica a la Santa Muerte para solicitar su protección contra entidades oscuras.
 Recita una oración o mantra, pidiéndole que te mantenga a salvo y aleje cualquier entidad negativa de tu vida.

**Protección diaria:** Establece una práctica diaria de protección, como el uso de amuletos, como un objeto bendecido o una imagen de la Santa Muerte, que lleves contigo para mantener una protección constante. Renueva regularmente su energía y carga con intención positiva.

**Mantener la fe y la gratitud:** Cultiva una actitud de fe y gratitud hacia la Santa Muerte.
 Confía en su poder y en tu capacidad para protegerte de las energías oscuras. Expresa tu gratitud a la Santa Muerte por su guía y protección en tu vida

# EL GRAN CIRCULO DE PROTECCION

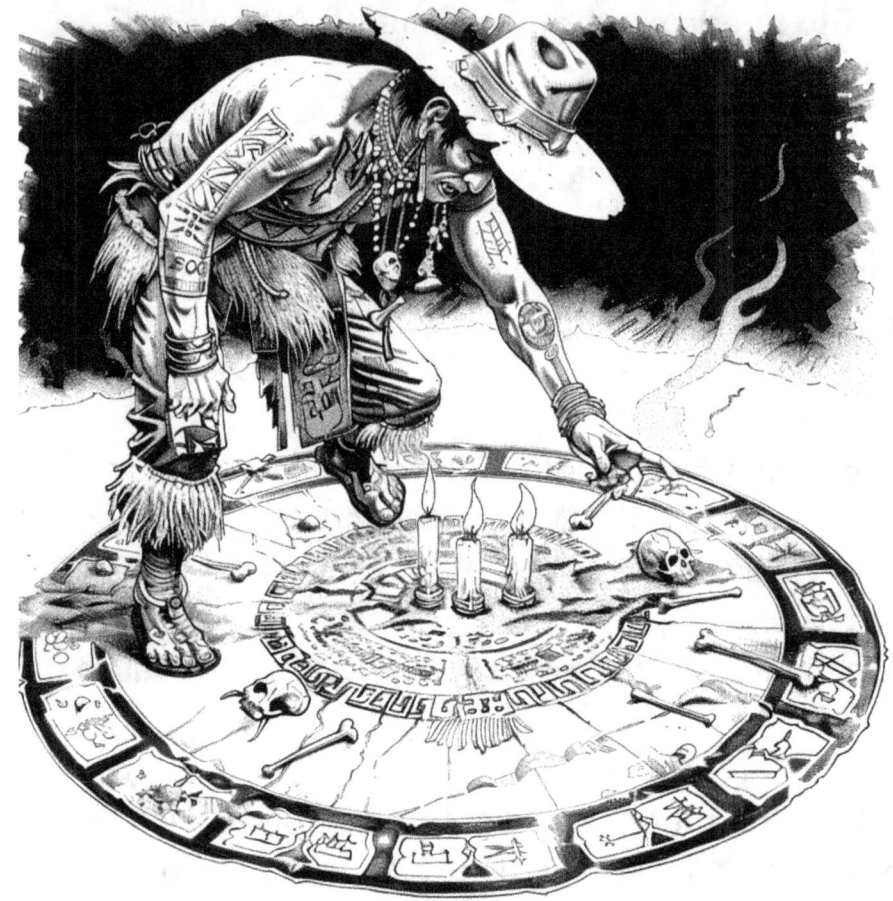

**Q**uerido devoto, es un placer compartir contigo cómo puedes incorporar un círculo de protección en tu ritual para repeler y mantener alejadas las energías oscuras. En la veneración a la Santa Muerte, es importante mantener un espacio sagrado y protegido donde podamos realizar nuestras prácticas espirituales con tranquilidad y seguridad.

Para crear un círculo de protección, necesitarás algunos elementos sagrados intención clara.

Aquí te presento una guía paso a paso para que puedas llevar a cabo esta medida adicional de protección en tu ritual:

**1.-** Antes de comenzar, asegúrate de tener todos los elementos necesarios a mano. Esto puede incluir velas, hierbas sagradas, inciensos, sal, agua bendita u otros objetos que consideres de poder protector.

**2.-** Enciende una vela blanca o de otro color que te inspire protección y purificación.

Esta vela representará la luz divina que nos guía y protege.
Toma un puñado de sal en tus manos y visualiza cómo se carga de energía protectora. Luego, camina alrededor del área donde realizarás el ritual, esparciendo la sal en el suelo mientras afirmas en voz alta tu intención de crear un círculo de protección.

**3.-** Alrededor del espacio donde realizarás el ritual, coloca velas en puntos cardinales (norte, sur, este y oeste) para representar la protección en todas las direcciones.
Enciéndelas una a una, visualizando cómo su luz y energía forman una barrera de protección a tu alrededor.

**4.-** Si lo deseas, puedes utilizar hierbas sagradas como ruda, romero o salvia para ahumar el espacio. Enciende las hierbas y permite que el humo purificador se extienda por todo el lugar, alejando cualquier energía negativa.

**5.-** Mientras realizas estas acciones, recita una oración o mantra que refuerce tu intención de protección. Puedes invocar a la Santa Muerte o a tus guías espirituales para que te asistan en este proceso.
**Realización del ritual dentro del círculo de proteccion**: Una vez que el círculo está trazado y fortalecido, realiza el ritual de protección dentro de él. Enciende las velas, recita las oraciones y lleva a cabo los pasos del ritual mientras te mantienes dentro del círculo de protección.
Recuerda que el círculo de protección actúa como una barrera de seguridad adicional en el ritual, ayudando a mantener alejadas las energías oscuras y negativas.
 Siéntete libre de adaptar y personalizar este paso según tus creencias y prácticas personales. Confía en la poderosa energía de la Santa Muerte y en tu intención de protección mientras realizas el ritual dentro del círculo de protección.

**Como una advertencia:** siempre mantente dentro del círculo de protección, ya que de no hacerlo corres el riesgo de ser contaminado por alguna energía o ente maligno que desee corromper tu ritual.

## ORACION PARA SELLAR EL CIRCULO DE PROTECCION

Oh, amada y poderosa Santa Muerte, en este momento sagrado te invoco. Con devoción y respeto, te ruego que bendigas y protejas este círculo que hemos creado.

Con tu fuerza sobrenatural y tu amor incondicional, te pido que envuelvas este espacio con tu manto sagrado. Que ningún mal pueda penetrar ni afectar la pureza y la seguridad que aquí se encuentra.

Santa Muerte, reina de la protección, te pido que alejes de nosotros toda energía negativa, todo peligro y toda oscuridad. Que tu presencia divina nos guíe y nos proteja en cada paso que demos.

Que este círculo de protección sea una barrera impenetrable, una fortaleza de luz que nos resguarde de todo mal. Que tu poderoso espíritu nos envuelva y nos brinde seguridad en todas nuestras acciones y decisiones.

Con humildad y gratitud, te pido que bendigas este lugar y a todos los que aquí nos reunimos. Que tu amor y tu protección nos acompañen siempre, en cada momento de nuestras vidas.

Santa Muerte, sellamos este círculo de protección con nuestra fe y nuestra devoción. Que tu presencia perdure en este espacio y en nuestros corazones, guiándonos y protegiéndonos en todo momento.

Que así sea, con la bendición de la Santa Muerte, sellamos este círculo de protección.

Amén.

Una vez que hayas completado el círculo de protección, puedes comenzar con el ritual principal, ya sea rezando, encendiendo velas o realizando otras prácticas devocionales.

**Realización del ritual dentro del círculo:** Una vez que el círculo está trazado y fortalecido, realiza el ritual de protección dentro de él. Enciende las velas, recita las oraciones y lleva a cabo los pasos del ritual mientras te mantienes dentro del círculo de protección.

**Cierre del ritual y apertura del círculo de proteccion:** Una vez que hayas completado el ritual, agradece a la Santa Muerte por su protección y guía. Luego, visualiza cómo el círculo de protección se disuelve y se desvanecen, liberando cualquier energía residual y cerrando el espacio ritual.

si realizaste un circulo de proteccion con sal,procede a salir de el y despues agrega alcohol o agua bendita,todos los elementos que hayas usado durante este ritual deberán de ser desechados o enterrados.

**Despedida:**Agradece con devoción a La Santa Muerte por su presencia y protección y el uso de su poderosa energía durante la realización del ritual utilizando la siguiente oracion:

## "ORACIÓN DE DESPEDIDA"

Con gratitud y amor en mi corazón, me despido de ti, amada y poderosa Santa Muerte. Agradezco tu presencia y protección durante la realización de este ritual sagrado.

En cada paso que di, en cada palabra que pronuncié, sentí tu poderosa energía, envolviéndome con tu fuerza y tu amor. Gracias por escuchar mis plegarias y por brindarme tu apoyo incondicional.

Con humildad y reverencia, te doy las gracias por tu guía y protección. Tu presencia divina nos ha bendecido y ha llenado este espacio con tu energía sagrada.

Santa Muerte, te pido que continúes velando por mí y por todos aquellos que te honran y te veneran. Que tu luz divina ilumine nuestro camino y nos proteja de todo mal.

Con profundo agradecimiento, me despido de ti, Santa Muerte, sabiendo que siempre estarás presente en mi vida, ofreciéndome tu amor y protección.

Que tu bendición permanezca conmigo, en cada paso que dé y en cada momento de mi existencia. Gracias, amada Santa Muerte, por tu presencia constante y por velar por mi bienestar.

Con gratitud en mi corazón, me despido de ti, amada Santa Muerte. Que tu amor y protección siempre me acompañen.

**Amén.**

Recuerda que cada ritual es único y personal, por lo que puedes adaptar esta Oración a tus propias creencias y prácticas.
Escucha tu intuición y sigue tu conexión con lo divino mientras realizas el ritual, permitiendo que la experiencia se desarrolle de forma auténtica y significativa.

**Nota Importante:** Querido devoto, el círculo de protección no es necesario en todas las prácticas devocionales a la Santa Muerte.

durante las peticiones, plegarias, mandas, oraciones, rezos, súplicas y novenarios pueden realizarse sin la formación de un círculo de protección.

El propósito principal del círculo de protección es brindar una barrera de seguridad adicional durante la realización de rituales que involucren energías más intensas y puedan atraer entidades negativas o energías oscuras. En estos casos, es recomendable utilizar el círculo de protección para salvaguardar el espacio y a los participantes del ritual.

Es importante recordar que la Santa Muerte es una guía amorosa y protectora en todas nuestras prácticas devocionales.
Su presencia y poder están siempre disponibles para ayudarnos y brindarnos protección, incluso sin la necesidad de un círculo de protección.

Sin embargo, si decides adentrarte en un ritual de mayor intensidad, donde sientas que puedes estar expuesto a energías negativas y oscuras, te sugiero encarecidamente que consideres la formación del círculo de protección. Este acto sagrado te permitirá crear una barrera de seguridad, manteniendo a raya cualquier entidad o energía indeseable que pueda intentar interferir en tu trabajo espiritual.

El círculo de protección es una práctica ancestral que ha sido utilizada a lo largo de los tiempos para salvaguardar a los practicantes de cualquier influencia negativa. Para formar este círculo, debes trazar con determinación un anillo imaginario alrededor de ti, visualizando una luz radiante y poderosa que te rodea por completo.

A medida que trazas el círculo, puedes recitar oraciones o invocaciones a la Santa Muerte, solicitando su protección y su presencia divina. Puedes utilizar también símbolos sagrados, como cruces, pentáculos o velas consagradas, para reforzar la barrera de protección y elevar la energía alrededor de ti.
No subestimes el poder del círculo de protección, ya que puede marcar la diferencia entre una experiencia segura y una que te exponga a energías negativas. Confía en la Santa Muerte y en tu propia intuición al establecer este acto de protección, asegurándote de que tu entorno esté libre de cualquier entidad indeseable antes de comenzar tu ritual.

# RITUALES PODEROSOS DE PROTECCION CON LA SANTA MUERTE

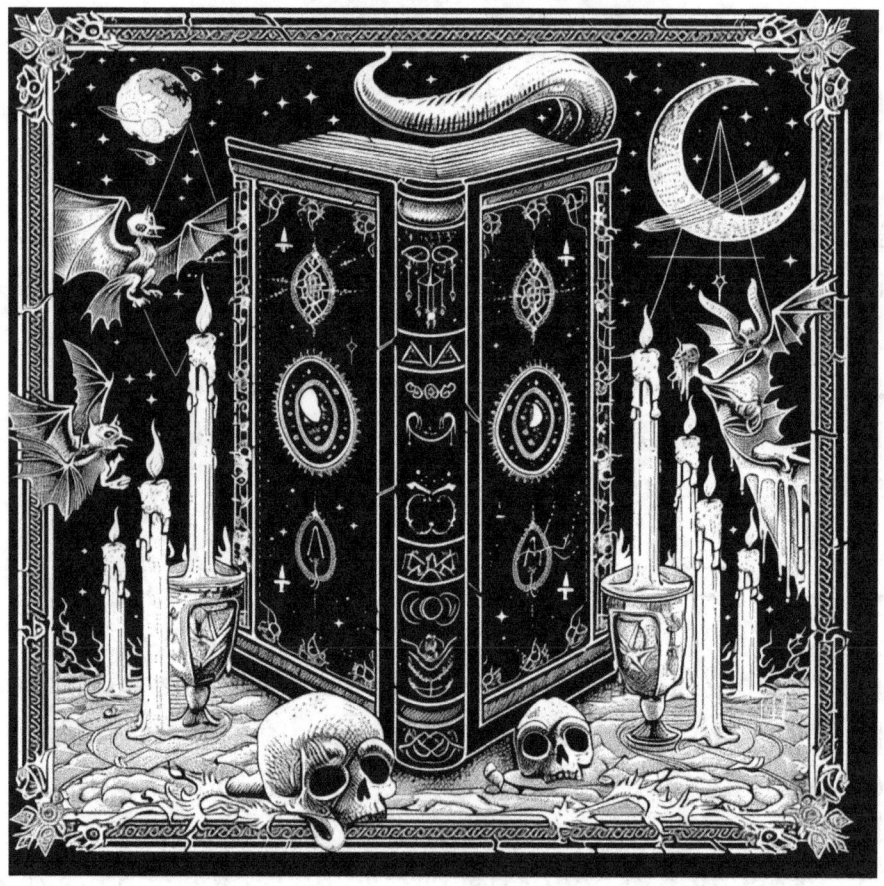

Los rituales poderosos de protección con la Santa Muerte son ceremonias sagradas que invocan su presencia y poder divino para resguardarnos y librarnos de las energías negativas y peligros lanzados por brujos y hechiceros asi como entes del mal que puedan amenazar nuestra seguridad y bienestar con rituales oscuros de destruccion y de magia negra .

En estos rituales, se establece una conexión íntima y profunda con la Santa Muerte, quien es considerada una guardiana y protectora.

Se utiliza su imagen sagrada como punto focal de devoción y se le ofrecen ofrendas y rezos con profunda fe y respeto.

La preparación del espacio es fundamental en estos rituales, en ellos se utilizan elementos como velas, inciensos y hierbas sagradas para purificar y crear un ambiente propicio para la comunicación con la Santa Muerte.

Asi como otros elementos como piedras y cuarzos que den fuerza e intensidad a el ritual magico que se este realizando, La iluminación tenue y el aroma de los inciensos ayudan a elevar la energía y a establecer una conexión espiritual más profunda.

El ritual comienza con una oración o invocación a la Santa Muerte, solicitando su protección y amparo.
Se realizan peticiones específicas, expresando las necesidades y deseos de protección, tanto física como espiritual.

Se encienden velas en honor a la Santa Muerte y se le ofrecen flores, agua, alimentos u otros objetos simbólicos que representen nuestra devoción y gratitud.

Durante el ritual, se pueden utilizar amuletos o talismanes relacionados con la protección, como cruces, medallas o imágenes de santos y símbolos de la Santa Muerte. Estos objetos se cargan con la energía de la Santa Muerte y se utilizan como herramientas de protección personal.

La fe y la intención son fundamentales en estos rituales. Se debe confiar plenamente en el poder de la Santa Muerte y creer en su capacidad para brindar protección y seguridad.
 La conexión emocional y espiritual con la Santa Muerte es lo que potencia el ritual y permite que su energía divina nos envuelva y nos proteja.

Al finalizar el ritual, se agradece a la Santa Muerte por su protección y se le pide que continúe velando por nosotros en todas las áreas de nuestra vida.
 Se apagan las velas y se despide a la Santa Muerte con respeto y gratitud.

Estos rituales poderosos de protección con la Santa Muerte son una forma de buscar su guía y amparo en momentos de dificultad y peligro.
Nos brindan una sensación de seguridad y confianza, sabiendo que contamos con su poder divino para protegernos y cuidarnos en nuestro camino espiritual.

## RITUALES DE DESPOJO (LIMPIA) CONTRA ENBRUJOS Y MALDICIONES SALACIONES MALEFICIOS ENTIERROS AMARRES PISADAS ETC.

Para lograr resultados favorables al momento de efectuar un ritual con la Santa Muerte, es vital seguir las instrucciones y el protocolo de protección correcto. La Santa Muerte es una deidad poderosa y respetada, y al honrarla adecuadamente, nos aseguramos de establecer una conexión sólida y armoniosa con su energía.

Antes de comenzar el ritual, es importante preparar el espacio sagrado de manera adecuada. ten a la mano todos los elementos que el ritual amerite, Limpia y purifica el área, utilizando sahumerios o inciensos apropiados para eliminar cualquier energía negativa que pueda interferir.

Al trazar el círculo de protección, crea una barrera de luz divina para salvar el espacio ritual de cualquier influencia indeseada.

Además, sigue las instrucciones específicas del ritual que estés realizando. Cada ritual puede tener sus propias directrices y pasos a seguir.
Presta atención a los detalles y sé respetuoso en cada aspecto del proceso.

Recuerda que la intención es clave:
mantén un enfoque claro y sincero, enfocándote en tus peticiones y deseos mientras te diriges a la Santa Muerte.

No olvides incluir elementos representativos de los cuatro elementos: tierra, agua, fuego y aire. Estos elementos equilibrarán y potenciarán la energía del ritual, creando un ambiente propicio para la conexión con la Santa Muerte.

ademas como elementos adicionales podras agregar al ritual un cuchillo que se utilizara para hacer los cortes hacia cada uno de los puntos cardinales.

Finalmente, no subestimes la importancia del protocolo de protección. Realizar rituales con la Santa Muerte implica trabajar con energías poderosas y es esencial mantenernos protegidos.
Puedes utilizar amuletos de protección, como cruces, medallas o piedras, para reforzar tu escudo espiritual.

Siguiendo las instrucciones y el protocolo de protección adecuado, nos aseguramos de que el ritual con la Santa Muerte se lleve a cabo de manera segura y efectiva, maximizando las posibilidades de obtener resultados favorables.

A continuacion te presento el protocolo correcto para realizar un ritual con la Santa Muerte.
 este protocolo es para uso en general y contiene paso a paso el procedimiento para remover embrujos y maldiciones de magia negra.
ademas incluye la creación del círculo de protección: basicamente el protocolo es el mismo lo que puede variar seria la intencion, algunos elementos que puedan ser necesarios para complementar la intencion del ritual.
**imagen de la santa muerte**
**Hierbas o flores:** Hierbas o flores de despojo, como ruda, romero o salvia.
**piedras o cuarzos:** que representen la protección y la purificación, como la obsidiana o la turmalina negra Amatista Selenita o Cuarzo transparente
**velas**: Una vela negra o morada para despojo
Una vela blanca para iluminacion
**sal gruesa:** para formar el circulo de proteccion
**Incienso de despojo:** como copal o rompe saraguey Mirra Sándalo Salvia blanca Ruda Romero.
**Un cuchillo** para ritual o una herramienta afilada.
Una imagen o estatua de la Santa Muerte
**Un papel y un bolígrafo** para escribir la intencion deseada del ritual.
**Elementos adicionales** para realizar el poder, como sal marina, agua bendita, aceite esencial de protección, campana o sonaja o un silbato, ademas
, fotos, estampas, medallas, amuletos resguardos asi como cualquier elemento que traiga poder y de energia al ritual.

**Procedimiento para realizar el ritual:**

**Preparación del espacio:** Limpia y purifica el espacio donde realizarás el ritual. Puedes utilizar hierbas de purificación, como ruda o salvia, para rociar el área y eliminar las energías negativas. También puedes utilizar agua bendita o sal marina para purificar el espacio.

**Atuendo:**
Viste prendas de color negro, que simbolizan respeto y reverencia hacia la Santa Muerte ademas de ser el color apropiado para rituales de limpia y despojo.

**Colocación de la imagen:** Ubica la imagen o estatua de la Santa Muerte en un lugar prominente, preferiblemente en un altar o una superficie elevada.

**Preparación del ramo de hierbas y cuarzo:** Prepara un ramo de hierbas o flores de despojo, atándolas con una cuerda o hilo del color apropiado. Coloca el cuarzo o piedra en el centro del ramo,este servira como catalizador absorbente de las energias oscuras durante el ritual.

**Encendido del incienso:** Enciende el incienso de despojo y permite que su humo purificador llene el espacio.
Puedes utilizar una pluma o tus manos para esparcir el humo de manera que llegue a todos los rincones del área.

**Encendido de las velas:** Enciende la vela del color apropiado para el ritual de despojo. Mientras la enciendes, enfoca tu mente en la intención de eliminar cualquier hechizo o maldición que te hayan lanzado.
**Circulo de proteccion:** una vez que tengas todos los elementos reunidos procede a realizar el circulo de proteccion con la sal marina o sal regular.

**Refuerza el circulo:** Toma una la vela blanca y camina en sentido horario alrededor del área donde realizarás el ritual, trazando un círculo imaginario con la llama de la vela.
Mientras caminas, visualiza una barrera de luz blanca que se forma a medida que trazas el círculo, protegiendo el espacio y separándolo del mundo exterior.
Mientras trazas el círculo, recita una oración o mantra de protección, como: "Con el poder y la bendición de la Santa Muerte, establezco este círculo de protección para resguardar este espacio sagrado de cualquier energía negativa o malévola. Que solo las energías positivas y beneficios sean bienvenidas aquí".
Una vez que hayas completado el círculo, enciende algunas velas adicionales en puntos estratégicos del círculo para fortalecer la protección.
Mantenga la intención de que este círculo de protección permanezca intacto durante todo el ritual y solo permita la entrada de energías positivas y divinas.

**Oración a la Santa Muerte:** Dirígete a la Santa Muerte con una oración de despojo, solicitando su ayuda para eliminar cualquier energía negativa y protegerte de futuros ataques. Pide su guía y protección en este proceso de despojo y purificación.

**Invocacion:** Toma un momento para centrarte y conectarte con la energía de la Santa Muerte.

Recita una invocación respetuosa, llamando a la presencia de la Santa Muerte y pidiendo su ayuda para remover cualquier embrujo o magia negra que te esté afectando.
Expresa tu intención con claridad y confianza, sintiendo la conexión con la Santa Muerte.

**Utilización de elementos adicionales:** Si lo deseas, puedes utilizar elementos adicionales para realzar el poder del ritual.
 Por ejemplo, puedes rociar agua bendita alrededor del espacio, utilizar un poco de aceite esencial de protección en tus manos o hacer sonar una campana o sonaja o un silbato para dispersar las energías negativas al finalizar el ritual.

## INVOCACION A LA SANTA MUERTE

Oh Santa Muerte, poderosa y mística,
te invocamos en este ritual sagrado y limpio.
Con humildad y devoción, te pedimos tu presencia,
para que nos otorgues tu energía y protección intensa.
Envuélvenos con tu manto oscuro y brillante,
mientras realizamos la limpia y el despojo, constante.
Líbranos de todas las energías negativas y bloqueos,
y permite que la pureza y la luz sean nuestros enfoques.
Te pedimos, Santa Muerte, que nos guíes en nuestro camino,
que nos protejas de todo mal y peligro divino.
Que tu poderoso sello de protección nos envuelva,
creando un círculo de seguridad y fortaleza eterna.
Que cada paso que demos sea con tu bendición,
que cada palabra que pronunciemos tenga tu conexión.

Concede tu fuerza y sabiduría en este ritual,
para que logremos la limpieza y el despojo espiritual.
Santa Muerte, acepta esta humilde oración,
y sé nuestra guía en esta sagrada ocasión.
Con gratitud y respeto, te pedimos tu asistencia,
en este ritual de limpia y despojo con total consistencia.

Que así sea, bajo tu protección y amor divino,
en cada instante de este ritual, en cada destino.
*Amén...*

**Ritual de corte:** Sostén el cuchillo ritual o la herramienta afilada en tus manos y visualiza que tiene el poder de cortar y liberar cualquier lazo o influencia de magia negra en tu vida.

Dirige tu atención a la vela negra y visualiza que representa los obstáculos y la energía negativa que deseas remover.

Enciende la vela negra y declara en voz alta: **"Con el poder de la Santa Muerte, corto y libero cualquier embrujo o magia negra que pueda estar afectando mi vida. Que esta vela representa la disolución y eliminación de toda energía negativa"**

**Ritual de purificación:**

Dirige tu atención a la vela blanca y visualiza que representa la purificación y la luz divina que traerá armonía y protección a tu vida.

Enciende la vela blanca y declara en voz alta: **"Con el poder de la Santa Muerte, traigo la purificación y la luz divina a mi vida. Que esta vela representa la limpieza y protección de todo lo negativo".**

Toma el papel y el bolígrafo y escribe lo siguiente: **Ego maledictionem exuo, "yo despojo maldad"**
**Ego maleficium exuo, "yo despojo maldicion"**
**Ego sortilegium exuo. "yo despojo brujeria"**
**Ego tenebris exuo, "yo despojo lo oscuro"**
**Ego vincula solvo, "yo despojo amarres"**
**Ego maleficia exorciso "yo despojo maleficios"**

Una vez que hayas terminado, quema el papel en la llama de la vela negra, permitiendo que se consuma completamente.

**Agradecimiento y despedida:**
Agradece a la Santa Muerte por su presencia energia y ayuda en la realizacion del ritual.
suena la campana el silbato o
Despide a la Santa Muerte con respeto y gratitud, sabiendo que su protección y guía te acompañarán en tu camino.

Recuerda que la intención y la fe son fundamentales en el proceso. Mantén una actitud positiva y confía en que la Santa Muerte te guiará en la eliminación de cualquier energía negativa. Que la Santa Muerte te bendiga y proteja siempre.

**NOTA:** una vez finalizado el ritual, procede a abrir tu circulo de proteccion a juntar los elementos que se hayan utilizado y deshaste de ellos de una forma segura.
coloca las velas,el incienso,las hierbas las piedras y todos los demas elementos que se hayan utilizado en la realizacion del ritual,en una bolsa o saco negro.

**ADVERTENCIA:** procura no tocar ninguno de estos elementos ya que corres el riesgo de ser contaminado(a) nuevamente por las energias oscuras que fueron removidas.

# ORACION DE DESPEDIDA

Oh, Santa Muerte, poderosa y benevolente,
Agradezco tu presencia en este ritual de limpieza y despojo,
Has escuchado mis peticiones y me ha brindado tu protección,

Con tu fuerza divina, has disipado la magia negra y liberado mi ser de energias oscuras que contaminaban mi entorno espiritual.

En este momento de despedida, te honro
te agradezco y te venero,
Por tu guía y por purificar mi camino,
Que tu luz divina siga iluminando mi vida,
Y que el mal y la oscuridad
se mantengan alejados de mí.

Con profundo respeto y gratitud, me despido de ti, Santa Muerte,
Que tu amor y protección me acompañan siempre,
En tus manos confio mi camino y mi destino,
Gracias, Santa Muerte, por tu poder tu bondad
y tu luz.
Amen...

## CONJURO PARA REMOVER MAGIA NEGRA

Con el poder y la gracia de la Santa Muerte, solicito tu intervención para remover la magia negra.

¡Oh, sublime y misteriosa Santa Muerte, envuélveme con tu manto oscuro de seguridad!

Aleja toda energía negativa y dañina que haya sido conjurada en mi contra.

Que tu presencia sagrada sea mi escudo y amparo en cada paso que dé.

Imploro tu intervención, guardiana de almas y protectora de destinos.

Con tu poder divino, desvía y disipa toda magia negra que me afecte.

Que tu esencia sagrada ilumine mi sendero y guíe mis acciones hacia la liberación.

Que ningún mal o adversidad de la magia negra pueda perturbarme.

Bajo tu protección divina, soy inmune a sus efectos perniciosos.

Te ofrezco mi devoción y lealtad absoluta en gratitud por tu amparo y protección.

Que tu bendición me acompañe en cada momento, brindándome seguridad y fortaleza.

Santa Muerte, incansable protectora, te suplico tu amparo y tu manto sagrado.

Que tu presencia envuelva mi ser y remueva toda magia negra que me aceche.

**Amén**... Que así sea, bajo tu mirada amorosa y tu abrazo protector.

## CONJURO O EXCLAMACION
## PARA ABRIR CAMINOS

Con el poder y la gracia de la Santa Muerte, invoco tu presencia divina y ancestral. Con la poderosa frase de "Efata'", abro los caminos hacia la manifestación y el poder oculto.

¡Oh, sublime y misteriosa Santa Muerte, escucha mi llamado y despierta mi ser efata'!

Con el poder de "Efata", que significa "Ábrete", rompo todas las barreras y limitaciones que me atan.

Efata' Que se abran los oídos y los ojos del destino, permitiéndome ver y escuchar las oportunidades que se presentan.

Que mi voz sea escuchada y mis peticiones sean atendidas, manifestando mis deseos con fuerza y claridad.

Con el poder de "Efata", desato mi potencial oculto y me abro al flujo de la vida y la abundancia.

Efata' Que se disipen los bloqueos y los obstáculos que me impiden avanzar en mi camino.

Santa Muerte, protectora y guía, te imploro que me asistas en este conjuro.

Efata' Que tu presencia divina fortalezca mi voluntad y me conduzca hacia la realización de mis más profundos anhelos.

Con el poder de "Efata", desvelo mi verdadero ser y me conecto con la esencia divina que habita en mí.

Que mi vida se transforme y se llene de bendiciones, prosperidad y amor.

Amen...

# OFRENDAS Y CELEBRACION

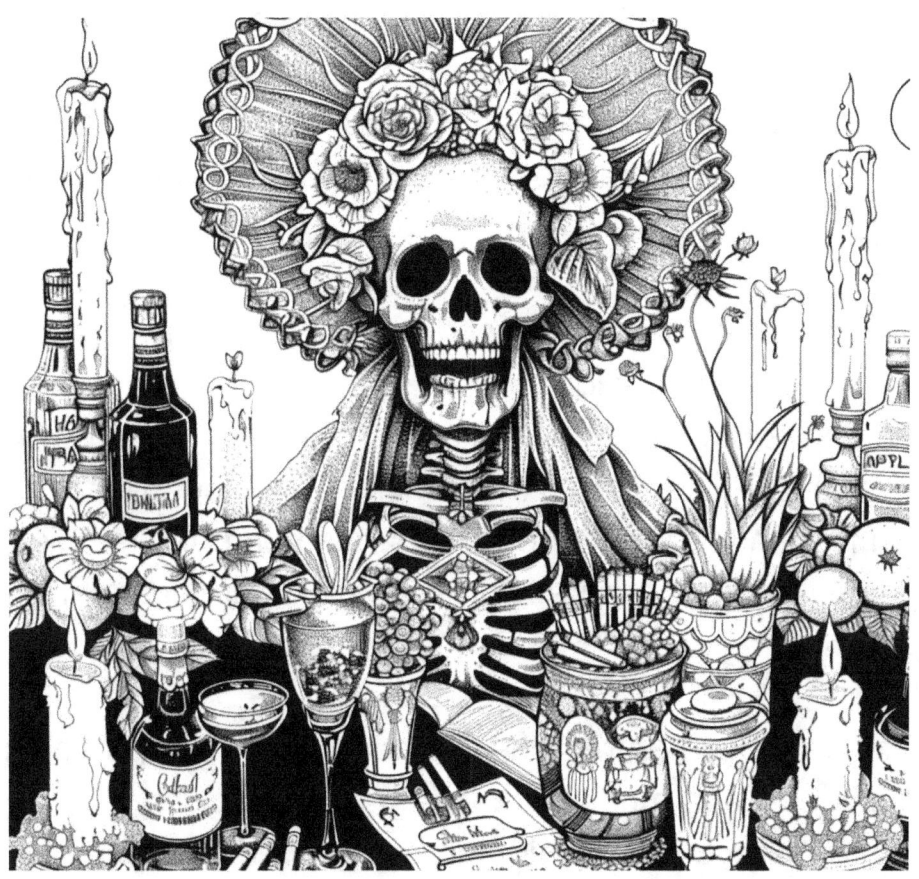

    Después de concluir un ritual con la Santa Muerte, es costumbre realizar una entrega de ofrendas y celebración para honrar a nuestra amada Santa muerte.
La entrega de ofrendas es un acto de gratitud y devoción, donde se presentan diferentes elementos simbólicos como flores, velas, alimentos, bebidas, tabaco, dulces,imágenes religiosas y otros objetos de valor personal.

La celebración puede tener lugar en un altar dedicado a la Santa Muerte, donde se coloca su imagen centralmente. Es importante mantener el ambiente tranquilo y respetuoso durante esta celebración.
Se pueden encender velas y sahumar el espacio con incienso o copal para purificarlo y darle una atmósfera sagrada.

El ritual de entrega de ofrendas se realiza con reverencia y devoción.
Se depositan las flores, los alimentos y las bebidas en el altar, mientras se recitan oraciones o plegarias dirigidas a la Santa Muerte. Algunas personas también pueden ofrecer sus peticiones o agradecimientos en voz alta.

Después de la entrega de ofrendas, se puede proceder a celebrar con música, cantos, bailes o incluso compartiendo una comida en honor a la Santa Muerte. Es importante que esta celebración se realice en un ambiente de respeto y devoción, recordando siempre que estamos honrando a una entidad sagrada.
Cada persona puede tener sus propias tradiciones y rituales específicos para honrar a la Santa Muerte, por lo que la entrega de ofrendas y la celebración pueden variar en cada caso.
Sin embargo, lo más importante es mantener una actitud sincera, respetuosa y devota durante todo el proceso.

Finalmente, es importante destacar que el culto a la Santa Muerte es una expresión libre y sin imposiciones, donde cada devoto celebra su devoción de manera personal y de acuerdo a su sentir íntimo. No existen reglas estrictas ni directrices obligatorias, ya que cada persona tiene una conexión única con la Santa Muerte.

Cada devoto tiene la libertad de elegir cómo desea rendir culto y expresar su devoción hacia la Santa Muerte. Puede realizar sus rituales en privado, en la comodidad de su hogar, o puede unirse a otros devotos en ceremonias comunitarias. Algunos pueden preferir celebraciones más sencillas y tranquilas, mientras que otros pueden optar por rituales más elaborados y festivos.

La diversidad en las prácticas del culto a la Santa Muerte es un reflejo de la individualidad de cada devoto y de la conexión única que cada uno tiene con esta entidad sagrada. No hay una única forma "correcta" de adorar a la Santa Muerte, ya que cada persona puede encontrar su propia manera de expresar su fe y devoción.

Es importante recordar que, independientemente de cómo se celebre, el culto a la Santa Muerte se basa en una profunda devoción y respeto hacia esta entidad sagrada. Cada devoto busca establecer una conexión personal y encontrar consuelo, protección y guía en la Santa Muerte.

# NOTAS DE MOTIVACION...

¡SALUDOS, NUEVO DEVOTO DE LA SANTA MUERTE! AQUÍ TIENES ALGUNAS NOTAS MOTIVACIONALES PARA INSPIRAR Y FORTALECER TU CAMINO DE DEVOCIÓN:

1. RECUERDA QUE LA FE Y LA DEVOCIÓN SON PODEROSAS HERRAMIENTAS EN TU CAMINO ESPIRITUAL. CONFIAR EN LA SANTA MUERTE TE BRINDARÁ FORTALEZA Y PROTECCIÓN.

2. MANTÉN TU MENTE ABIERTA Y DISPUESTA A APRENDER. LA DEVOCIÓN A LA SANTA MUERTE ES UN VIAJE DE CRECIMIENTO PERSONAL Y ESPIRITUAL.

3. LA PERSEVERANCIA ES CLAVE. NO TE DESANIMES SI ENFRENTAS OBSTÁCULOS EN TU CAMINO. LA SANTA MUERTE ESTÁ AHÍ PARA APOYARTE Y AYUDARTE A SUPERAR CUALQUIER DESAFÍO.

4. CULTIVA UNA RELACIÓN ÍNTIMA CON LA SANTA MUERTE. DEDICA TIEMPO A LA ORACIÓN Y LA REFLEXIÓN PARA FORTALECER TU CONEXIÓN CON SU ENERGÍA DIVINA.

6. NO TEMAS PEDIR AYUDA. LA SANTA MUERTE ESTÁ SIEMPRE DISPUESTA A ESCUCHAR TUS PETICIONES Y OFRECERTE SU GUÍA AMOROSA.

# NOTAS DE MOTIVACION...

7. MANTÉN TU FE EN LOS MOMENTOS DIFÍCILES. LA SANTA MUERTE ES UN FARO DE ESPERANZA Y PROTECCIÓN EN LOS MOMENTOS DE OSCURIDAD.

8. SÉ CONSCIENTE DE LA MAGIA Y EL PODER DE LA SANTA MUERTE EN TU VIDA DIARIA. OBSERVA SUS SEÑALES Y SINCRONICIDADES, Y RECONOCE SU PRESENCIA EN CADA ASPECTO DE TU EXISTENCIA.

9. COMPARTE TU DEVOCIÓN CON RESPETO Y AMOR. AL DIFUNDIR LA FE EN LA SANTA MUERTE, PUEDES INSPIRAR A OTROS Y AYUDAR A QUE SU LUZ DIVINA LLEGUE A MÁS PERSONAS.

10. RECUERDA QUE ERES AMADO Y PROTEGIDO POR LA SANTA MUERTE. CONFÍA EN SU SABIDURÍA Y ENTREGA TUS PREOCUPACIONES A SU CUIDADO AMOROSO.

11. SÉ FIEL A TI MISMO Y A TU CONEXIÓN CON LA SANTA MUERTE. NO TE COMPARES CON OTROS DEVOTOS, YA QUE CADA RELACIÓN ES ÚNICA Y ESPECIAL. CONFÍA EN TU INTUICIÓN Y SIGUE TU PROPIO CAMINO.

QUE ESTAS NOTAS MOTIVACIONALES TE INSPIREN EN TU CAMINO DE DEVOCIÓN A LA SANTA MUERTE. ¡QUE SU AMOR Y PROTECCIÓN SIEMPRE TE ACOMPAÑEN!

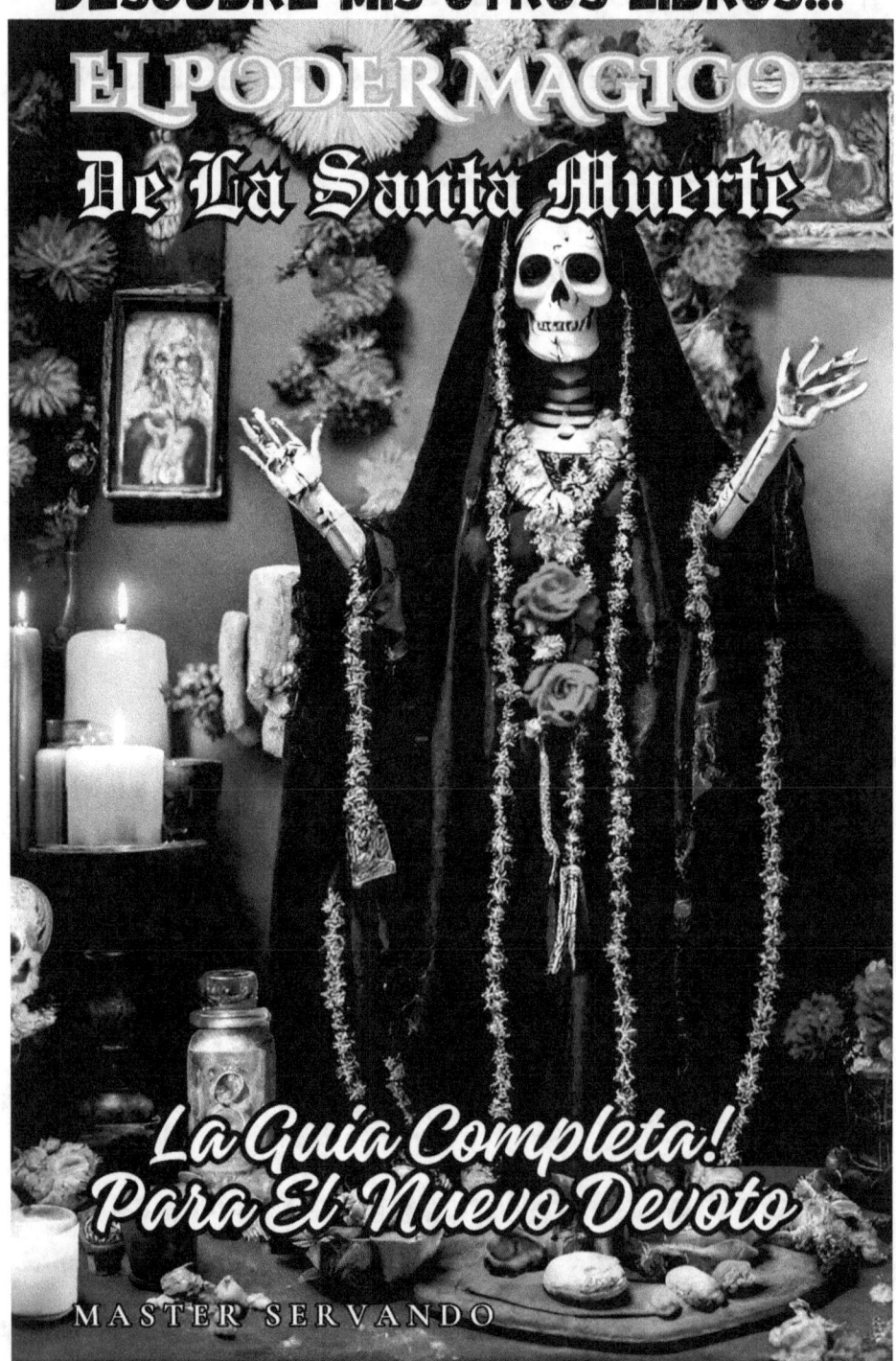

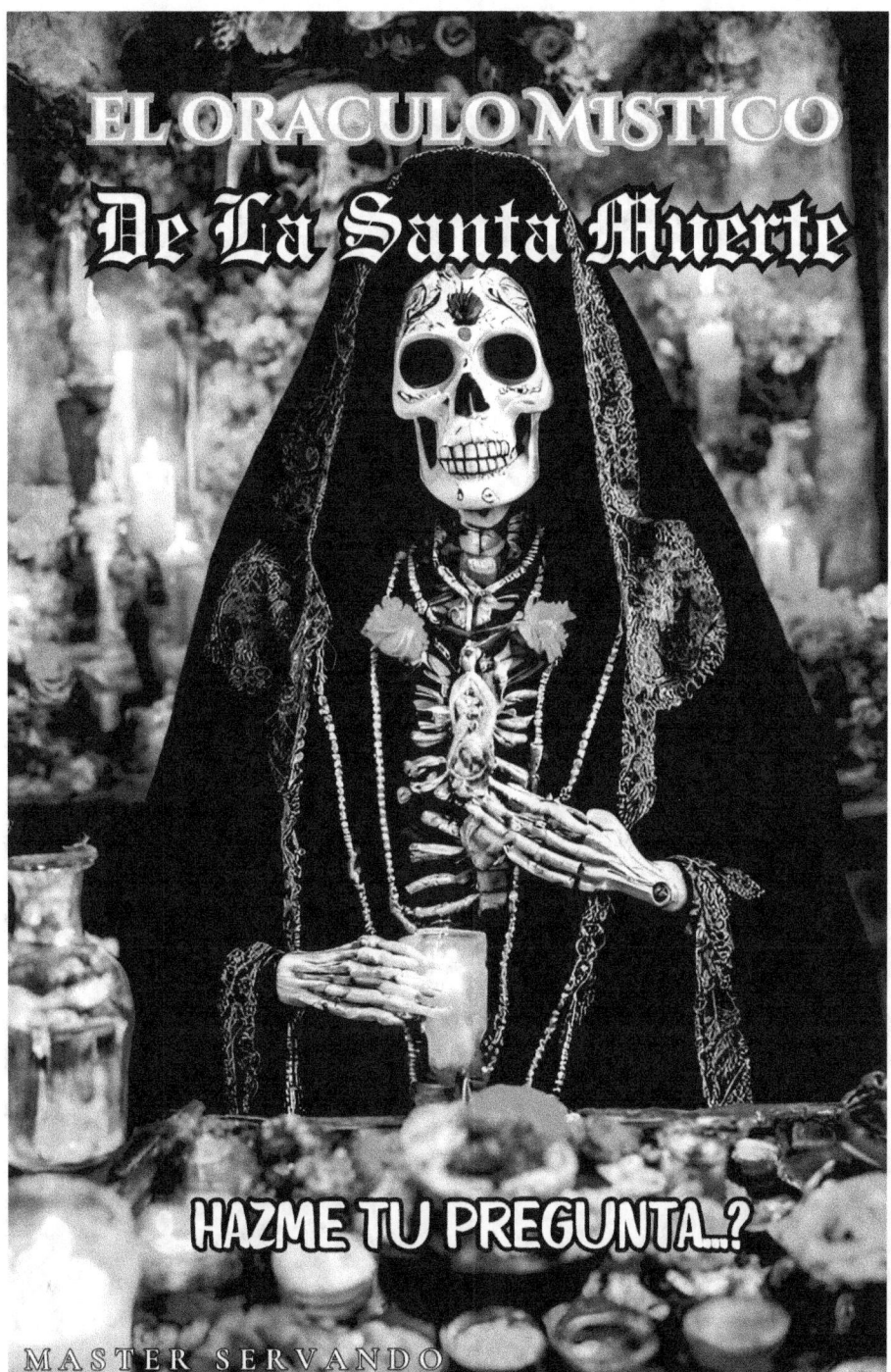

# DESCUBRE MIS OTROS LIBROS...

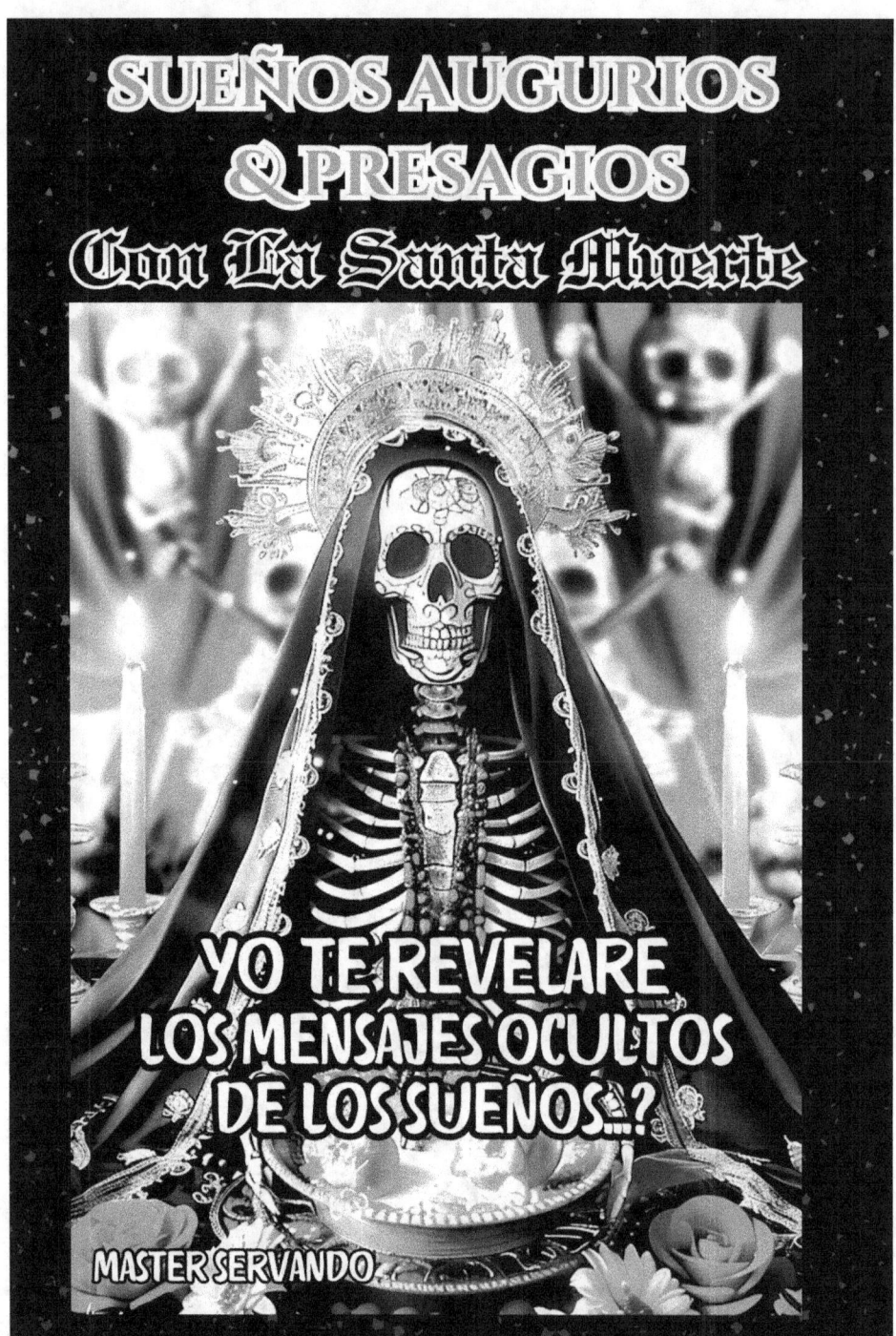

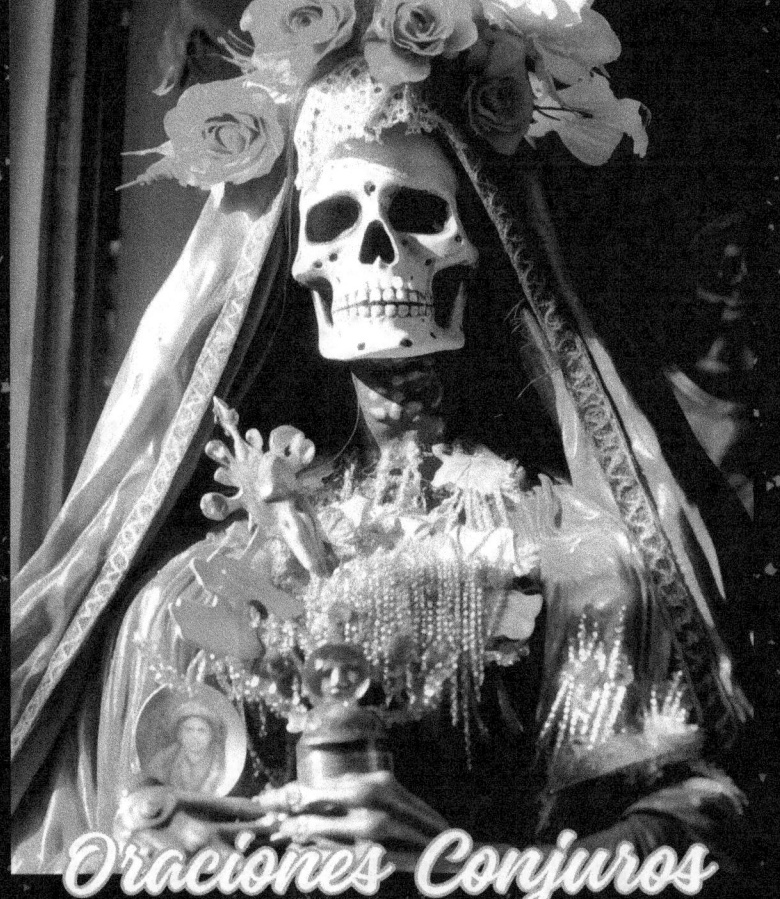

# DESCUBRE MIS OTROS LIBROS...

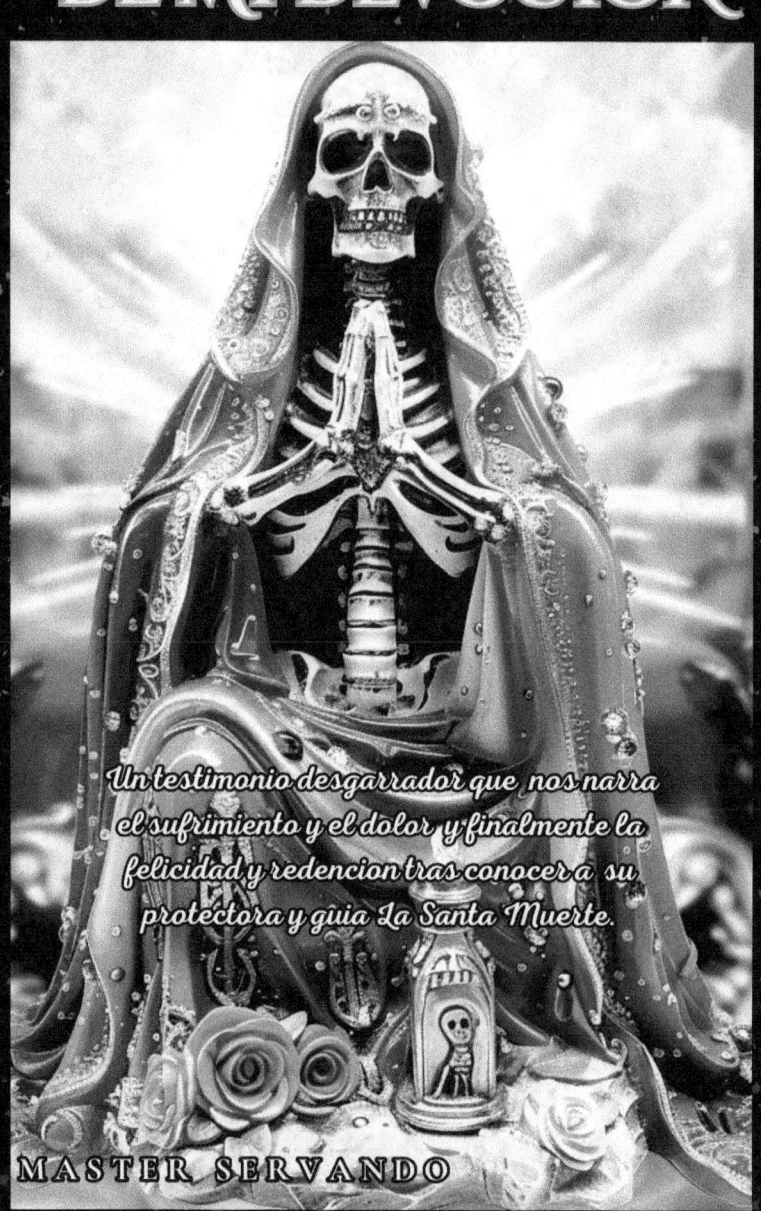

# *Gracias*

## A TODOS LOS FIELES DEVOTOS LECTORES:

En este día, me dirijo a ustedes con humildad y gratitud desbordante como Autor de esta humilde guia de devocion y fe hacia La Santa Muerte.

Su apoyo constante y su devocion han sido una fuente de inspiración y fortaleza para mí persona.

Es un honor para mi poder compartir con ustedes las enseñanzas sagradas, de La Santa Muerte en cada página, y en cada mensaje, de esta invaluable guia.

Que las bendiciones de La Santa Muerte fluyan abundantemente sobre cada uno de ustedes mis queridos lectores.

Sinceramente,
**Master Servando...**